동형 자바스크립트 웹 개발

동형 자바스크립트 웹 개발

리액트와 Node.js를 활용한
동형 웹 앱 구현 기법

토마스 알라베스 · 콘스탄틴 타르쿠스 지음

양정열 옮김

Packt>

| 지은이 소개 |

토마스 알라베스 Tomas Alabes

실리콘 밸리 Silicon Valley 의 오라클 Oracle 에서 클라우드 Clouds 를 구축하는 시니어 소프트웨어 엔지니어다. 풀스택 엔지니어로 7년 이상 일하고 있으며, 열렬한 블로거이자 열정적인 학습자다. 항상 스스로를 발전시키기 위한 방법을 찾고, 자신의 지식을 공유한다.

콘스탄틴 타르쿠스 Konstantin Tarkus

기술 신생 기업을 위한 맞춤형 웹과 클라우드 애플리케이션 개발을 전문으로 하는 노련한 소프트웨어 엔지니어다. 14년 이상의 PHP, MySQL, 애저 Azure, SQL 서버, 닷넷 .NET, C#, Node.js, 자바스크립트 같은 광범위한 기술 스택 경력을 갖추고 있다. 아주 유명한 리액트 앱 보일러플레이트인 리액트 스타터 키트 React Starter Kit 를 만들었으며, 그 밖에도 깃허브 GitHub 에서 다양한 오픈소스 프로젝트를 진행하고 있다.

앤드루 코발렌코 Andrew Kovalenko

소프트웨어 개발자이자 팀 리더이며 블로거다. 미국/우크라이나의 웹과 모바일 개발 회사인 제이버드 그룹 Jaybird Group 의 구성원이다. 회사의 창립 멤버이며 현재는 팀 리더다. 자바스크립트와 NodeJS, HTML5, Cordova(PhoneGap) 중심의 폭넓고 다양한 기술을 통해 프로젝트를 감독하고 구현하는 일을 한다. 콜 센터와 마케팅 회사, 부동산 중개업, 통신사, 헬스케어, 그 밖의 다양한 기업용 제품을 만드는 여러 개발 그룹을 이끌고 있다. 최근에는 모바일 개발을 배우는 데 주력했으며, 결국 모바일 피트니스 애플리케이션인 BodyMotivator 사업을 시작했다. 미래에는 자바스크립트가 범용 개발 언어가 될 것이라는 신념을 갖고 있다.

코딩을 하지 않을 때면 가족들과 시간을 보내고 근처의 체육관에서 크로스 핏 cross-fit 운동을 즐긴다. 피트니스를 좋아하고, 좀 더 건강한 삶을 만드는 일에 모든 소프트웨어 개발 노력을 집중하고 있다.

| 옮긴이 소개 |

양정열(yanggy@godev.kr)

국내 Telco SI/SM Software 개발자로 시작해 현재는 프로젝트 매니저로 일하고 있다. 독립 IT 기술자 저술 강연 상호부조 네트워크 GoDev(www.godev.kr)의 멤버다.

│ 옮긴이의 말 │

과거에는 자바스크립트를 단순히 클라이언트에서 동적인 효과를 주는 데 주로 사용했다. 그러다가 Ajax가 등장했으며, 이를 시작으로 jQuery 등 수많은 자바스크립트 라이브러리가 나왔고, 이러한 자바스크립트 라이브러리를 사용하지 않는 페이지를 찾아보기 힘든 자바스크립트 시대가 도래했다. 그 이후로도 백본Backbone, 머스터치Mustach 등 화면에 표현해주기 위한 다양한 방법이 계속해서 등장하고 있으며, 이러한 플러그인과 템플릿, 프레임워크는 앵귤러Angular에서 정점을 찍게 된다. 하지만 초기 페이지 로딩 속도, 검색 엔진 최적화SEO, 페이지 깜빡임FOUC, flash of unstyled content 이슈 등은 여전히 남아 있었다. 이 시점에 리액트React가 등장하면서 서버 측 렌더링을 통해 앞서 언급한 대부분의 이슈를 해결했고, 페이스북을 비롯해 인스타그램Instagram, 에어비앤비AirBnb, 넷플릭스Netflix, 플립보드Flipboard, 드롭박스Dropbox 등 여러 대규모 사이트에 적용하고 있다.

이 책에서는 리액트와 Node.js, 그 밖의 다양한 플러그인을 활용해, 서버와 클라이언트에서 동일한 코드를 사용할 수 있는 동형isomorphic 웹 앱을 구현하는 기법을 소개한다. 적절한 예제를 따라 하면서 자연스럽게 습득할 수 있으며, 개발 경험이 많지 않더라도 기본적인 웹 개발 지식과 Node.js 사용 경험이 있으면 쉽게 이해할 수 있다. 만약 관련 경험이 전혀 없다면, 책을 잠시 덮어두고 Hello World나 튜토리얼을 먼저 확인하고 돌아와서 보면 된다. 에이콘출판사 홈페이지에서 내려받을 수 있는 예제의 동작하는 코드를 확인하려면 package.json 파일에 포함되어 있는 라이브러리를 모두 직접 설치해야 한다. 자, 그럼 즐거운 배움의 시간이 되길 바란다.

끝으로, 이 책의 검수에 많은 도움을 주신 LINE의 이진혁 연구원님과 그 부인께 감사의 마음을 전한다.

│ 차례 │

| 들어가며 |

오늘날 자바스크립트는 세계적으로 돌풍을 일으키고 있다. 프론트엔드와 백엔드 간의 자바스크립트 로직 공유는 애플리케이션의 문제 파악과 유지 관리를 단순하게 만들어준다. 이 책에서 다루는 기술을 사용해 자신의 자바스크립트 애플리케이션 수준을 한 단계 끌어올리기 바란다.

▌ 이 책의 구성

1장, '동형 웹 앱 시작하기' 동형 앱이란 무엇이고, 흔히 사용하는 기존의 SPA와는 어떤 차이가 있는지 살펴본다. 개발자가 동형 앱을 개발하는 과정에서 직면하게 될 중요한 사항들을 이해하게 된다. 소개를 마친 후에는 동형 앱 개발을 시작하기 위한 개발 환경을 설정한다.

2장, '리액트 웹 UI 만들기' 자바스크립트와 리액트^{React}를 사용해 자연스러운 웹 UI를 만드는 방법을 설명한다. 효율적인 개발을 위해 애플리케이션에서 사용할 컴포넌트를 만들고 컴포넌트 간의 데이터 흐름을 구성하는 방법을 배운다.

3장, 'CSS와 미디어 자산으로 작업하기' UI 컴포넌트 스타일링과 CSS 및 그래픽을 컴포넌트에 번들링하는 방법을 살펴본다. 자산을 번들링하기 위해 웹팩^{Webpack}을 효과적으로 구성하는 방법을 배운다.

4장, '브라우저싱크와 HMR로 작업하기' 앱에 대한 서버 측 렌더링 설정 방법과 효과적인 SEO(검색 엔진 최적화)를 위한 최적화, 초기 페이지 로딩 속도 향상에 대해 설명한다.

5장, '서버에서 리액트 컴포넌트 렌더링하기' 서버에서 웹 애플리케이션을 렌더링하는 것과 관련된 여러 가지 요소를 살펴본다. 클라이언트로 상태를 전달하는 방법, 리액트 컨텍스트를 사용하는 방법, 그 밖의 문제와 트러블슈팅 등을 살펴본다.

6장, 'GraphQL 데이터 API 만들기' 노드^{Node}와 익스프레스^{Express}, SQL 기반의 GraphQL 서버를 구현하는 방법을 살펴본다. 전통적인 RESTful API 구조와 비교해 어떻게 동작하는지 이해한다. 서버에서 데이터를 수신하고 검사 및 수정하는 방법을 배운다.

7장, '라우팅과 내비게이션 구현하기' 라우팅과 내비게이션 구현 방법에 관해 처음부터 살펴본다. 또한 기존 라이브러리를 동형 웹 앱에 맞게 통합하는 방법도 살펴본다.

8장, '인증 및 권한 부여' 애플리케이션 보안의 복잡한 내용들을 살펴본다. 동형 애플리케이션에서 토큰 기반 인증과 접근 제어를 구현하는 방법을 배운다.

9장, '애플리케이션 테스트와 배포' 단위 테스트와 통합 테스트를 구성하는 방법에 관해 살펴본다. 클라우드 호스팅 서비스에 앱을 배포하는 방법도 포함된다.

▌ 준비사항

노드^{Node} 6 이상의 버전과 NPM 4 이상이 설치된 OS가 필요하다.

▌ 이 책의 대상 독자

이 책은 개발자용으로, 자바스크립트 애플리케이션 스킬을 향상하고 통일된 자바스크립트 애플리케이션을 개발하고자 하는 독자를 대상으로 한다.

▌ 편집 규약

이 책에서는 정보의 유형에 따라서 텍스트의 스타일이 바뀐다. 각 스타일은 다음과 같은 의미를 지닌다.

문장 속에서 코드는 다음과 같이 표기한다.

"이 모듈의 대부분은 명령줄에 --save-dev 인수를 사용해 개발용 종속성으로 설치해야 한다."

코드 블록은 다음과 같이 표기한다.

```
<script src="moment.js"></script>
<script>
    moment().format('MMMM Do YYYY, h:mm:ss a');
</script>
```

모든 명령줄 입출력은 다음과 같이 기술한다.

```
$ npm install babel-core, bluebird, express \
moment, react, react-dom --save
```

새로운 용어나 중요한 단어는 다음과 같이 고딕체로 표기한다.

브라우저리파이^{Browserify}나 **웹팩**^{Webpack} 같은 모듈 번들러는 특정 환경에 알맞게 자바스크립트 코드를 모듈화하고 최적화할 수 있게 해준다.

 주의를 요하거나 중요한 메시지는 이와 같이 나타낸다.

 팁이나 유용한 요령은 이와 같이 나타낸다.

▌ 독자 의견

독자 여러분의 의견은 언제든지 환영한다. 이 책을 어떻게 생각하는지 부담 없이 이야기
해준다면 좋겠다. 더 유익한 책을 만드는 데 있어 독자의 의견은 무엇보다 중요하다.

일반적인 의견은 이 책의 제목을 메일 제목으로 해서 feedback@packtpub.com으로 보
내면 된다.

특정 분야의 책을 쓰거나 기여하는 데 관심이 있다면 www.packtpub.com/authors에
있는 저자 가이드를 참조하기 바란다.

▌ 고객 지원

팩트출판사의 구매자가 된 독자에게 도움이 되는 몇 가지를 제공하고자 한다.

예제 코드 다운로드

http://www.packtpub.com에 회원 가입해 팩트출판사의 도서를 구매한 모든 독자는
책에 등장하는 예제 코드 파일을 직접 내려받을 수 있다. 다른 곳에서 도서를 구매한 독
자는 http://www.packtpub.com/support에 접속해 등록하면 이메일로 직접 받아볼
수 있다.

에이콘출판사의 도서정보 페이지 http://www.acornpub.co.kr/book/isomorphic-
javascript에서도 예제 코드를 내려받을 수 있다.

이 책에 수록된 코드는 깃허브에도 올려져 있고, 주소는 https://github.com/
PacktPublishing/Isomorphic-JavaScript-Web-Development이다. https://
github.com/PacktPublishing/에는 다른 책의 코드와 동영상도 올라와 있으니 확인해
보길 바란다.

컬러 이미지 다운로드

이 책에서 사용한 스크린샷이나 도표의 컬러 이미지를 PDF 파일로 제공한다. 컬러 이미지는 책의 내용을 이해하는 데 도움을 줄 것이다. 파일은 https://www.packtpub.com/sites/default/files/downloads/IsomorphicJavaScriptWebDevelopment_ColorImages.pdf에서 내려받을 수 있다.

에이콘출판사의 도서정보 페이지 http://www.acornpub.co.kr/book/isomorphic-javascript에서도 예제 코드를 내려받을 수 있다.

오탈자

내용을 정확하게 전달하려고 최선을 다했지만, 실수가 있을 수 있다. 팩트출판사의 책에서 텍스트나 코드상의 문제를 발견해서 알려준다면, 매우 감사하게 생각할 것이다. 그러한 참여를 통해 다른 독자에게 도움을 주고, 다음 버전에서 책을 더 완성도 있게 만들 수 있다. 오자를 발견한다면 http://www.packtpub.com/submit-errata에서 Errata Submission Form 링크를 통해 구체적인 내용을 알려주기 바란다. 보내준 내용이 확인되면 웹사이트에 그 내용이 올라가거나, 해당 서적의 정오표 섹션에 그 내용이 추가될 것이다.

https://www.packtpub.com/books/content/support를 방문해 검색창에 해당 타이틀을 입력하면 지금까지의 정오표를 확인할 수 있다. 한국어판은 에이콘출판사의 도서정보 페이지 http://www.acornpub.co.kr/book/isomorphic-javascript에서 찾아볼 수 있다.

저작권 침해

인터넷에서의 저작권 침해는 모든 매체에서 벌어지고 있는 심각한 문제다. 팩트출판사에서는 저작권과 사용권 문제를 아주 심각하게 인식하고 있다. 어떤 형태로든 팩트출판사서적의 불법 복제물을 인터넷에서 발견한다면 적절한 조치를 취할 수 있게 해당 주소나사이트명을 알려주길 부탁한다.

의심되는 불법 복제물의 링크를 copyright@packtpub.com으로 보내주기 바란다.

저자와 더 좋은 책을 위한 팩트출판사의 노력을 배려하는 마음에 깊은 감사의 마음을 전한다.

질문

이 책에 관련된 질문이 있다면 questions@packtpub.com으로 문의하기 바란다. 온 힘을 다해 질문에 답해드리겠다. 한국어판에 관한 질문은 이 책의 옮긴이나 에이콘출판사편집 팀(editor@acornpub.co.kr)으로 문의할 수 있다.

01

동형 웹 앱 시작하기

이 책은 동형^{isomorphic} 웹 애플리케이션 개발에 관한 내용을 다룬다. 동형(유니버설^{universal}이라고도 함) 앱을 만드는 것을 주제로 하며, 예제를 통해 학습할 수 있도록 샘플 웹 애플리케이션을 만드는 과정을 다룬다.

1장에서는 동형 앱에 대해 간략하게 짚어본다. 무엇이 애플리케이션 코드를 동형으로 만들어주며, 동작하는 동형 애플리케이션을 얼마나 쉽게 만들 수 있는지 그리고 동형 앱에 알맞은 좋은 프로젝트 구조는 어떤 것인지 살펴본다.

1장을 마칠 때쯤에는 Node.js와 익스프레스^{Express}, 리액트^{React} 16에서 동작하는 기본적인 웹 애플리케이션이 만들어질 것이다.

이 모두를 아우르기 위해, 다음 내용을 다룬다.

- 동형 앱이란 무엇인가?
- 동형 자바스크립트 코드는 어떻게 작성하는가?
- React.js 소개
- 예제 앱 설명
- 시작하기 위해 필요한 것
- 프로젝트 의존성 설치하기
- 기본 프로젝트 구조
- 첫 번째 리액트 컴포넌트 만들기
- 클라이언트와 서버에서 리액트 앱 렌더링하기
- 앱을 로컬에서 실행하고 테스트하기

▌ 동형 앱이란 무엇인가?

동형 isomorphic 이라는 이름은 두 가지 목적을 갖는 대칭을 말한다. 'iso'는 동일함(같음)을 의미하고, 'morphous'는 모양(형태)을 의미한다.

동형 앱이라는 용어와 이를 뒷받침해주는 웹 개발 방법은 2013년에 에어비엔비AirBnb 를 통해 많은 사람에게 알려졌다. 주된 아이디어는 브라우저에서 동작하도록 설계된 자바스크립트 애플리케이션이 동시에 HTML 마크업을 만드는 서버에서도 동작하도록 작성하는 것에 있다. 그렇게 되면 애플리케이션의 초기 로딩 속도가 극적으로 개선되며, 자연스럽게 웹 애플리케이션의 검색 엔진 최적화SEO, search engine optimization 문제가 해결된다.

알고 있을 수도 있겠지만, 다음과 같이 지난 몇 년에 걸쳐 전통적인 서버 측 MVC 애플리케이션에서 클라이언트 측 앱(SPA single-page application 라고도 함)을 지나 동형 앱까지 진화하는 흐름을 보이고 있다.

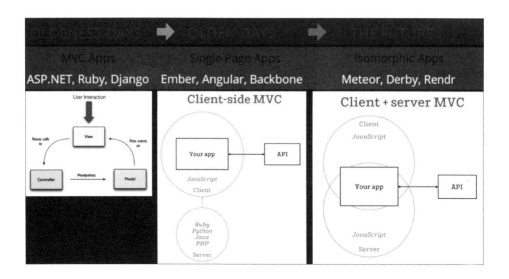

 에어비엔비 개발 팀에서 배포한 좋은 글이 있으니 확인해보기 바란다. 동형 웹 앱 개발을 시작하는 방법을 자세히 소개하고 있다.

- https://medium.com/airbnb-engineering/isomorphic-javascript-the-future-of-web-apps-10882b7a2ebc

초기 페이지 로딩 속도와 검색 엔진 최적화 외에, 동형 앱으로 얻을 수 있는 또 다른 이점은 클라이언트 측과 서버 측의 코드를 서로 공유함으로써 중복되는 코드를 줄일 수 있다는 것이다. 모든 코드가 자바스크립트로 작성되면 서버와 클라이언트 측 앱을 모두 잘 알고 있는 복합 기능 팀^{cross-functional team}을 만들기가 더 쉬워진다.

클라이언트와 서버 간에 공유되는 것은 정확히 어떤 것들인가? 프레젠테이션 계층(UI), 라우팅^{routing}과 내비게이션^{navigation}, 데이터 조회와 저장, UI 지역화^{localization}와 내재화^{internalization}가 여기에 해당한다.

서버 측 동형 앱이 동작하려면 서버에 Node.js가 반드시 필요한가? 답은 '그렇지 않다'이며, PHP와 닷넷^{.NET}, 루비^{Ruby} 같은 어떤 플랫폼에서든 자바스크립트를 실행할 수 있다. 하지만 이 책에서는 간단하게 설명하기 위해 Node.js와 익스프레스^{Express}를 사용한다.

누가 이 방법을 사용하고 있을까? 몇 가지 사례를 들자면 플리커^{Flickr}와 인스타그램 Instagram, 에어비엔비^{AirBnb}, 아사나^{Asana} 등이 있다.

▌동형 자바스크립트 코드는 어떻게 작성하는가?

동형(유니버설이라고도 함) 자바스크립트 코드는 환경에 종속적이지 않거나 환경마다 포함된다. 다시 말해, 브라우저의 `window`나 서버의 `process.env`, `req.cookies`처럼 종속적인 속성을 포함할 수 없음을 의미한다. 대신에 그러한 속성에 접근할 수 있는 연결고리^{shim}를 제공함으로써 해당 모듈에서 `window.location.path`나 `req.path` 같은 단일 API가 노출되게 한다.

npm 저장소에 있는 수많은 모듈은 이미 이러한 특성을 갖고 있다. 예를 들면, Moment. js에서는 다음 코드가 Node.js와 브라우저 환경에서 동작한다.

▼ 서버(Node.js)

```
import moment from 'moment';
moment().format('MMMM Do YYYY, h:mm:ss a');
```

▼ 클라이언트(브라우저)

```
<script src="moment.js"></script>
<script>
    moment().format('MMMM Do YYYY, h:mm:ss a');
</script>
```

브라우저리파이^{Browserify}나 웹팩^{Webpack} 같은 모듈 번들러^{module bundler}는 특정 환경에 알맞게 자바스크립트 코드를 모듈화하고 최적화할 수 있게 해준다. 이 장의 후반부에서 웹팩으로 하나의 코드에서 2개의 번들을 만들어내는 방법을 살펴본다. 둘 중 하나는 브라우저에서 동작하도록 최적화되고, 나머지 하나는 Node.js 환경에 알맞게 최적화된다.

▌React.js 소개

페이스북의 리액트 라이브러리는 동형 웹 UI를 만들기 위한 좋은 선택이다. UI를 메모리에서 처리할 수 있게 만들어주며, 트리 형태의 UI 요소(컴포넌트)는 클라이언트나 서버에서 쉽게 렌더링된다.

간단한 예제를 진행해보자. 만약 twitter.com의 트윗 같은 UI 요소를 처리하는 자바스크립트 코드를 만들어야 한다면 어떻게 할 것인가?

다음은 브라우저에서 이 UI 요소가 어떻게 표시돼야 하는지를 나타낸다.

이 UI의 HTML 코드는 다음과 같다.

```
<div class="tweet">
    <div class="header">
        <a class="account" href="/koistya">
            <img class="avatar" src="/koistya/avatar.png" />
            <strong class="fullname">Konstantin</strong>
            <span class="username">@koistya</span>
        </a>
        <small class="time">Jan 15</small>
    </div>
    <div class="content">
        <p class="text">Hello, world!</p>
        <div class="footer">...</div>
    </div>
</div>
```

보통 다음과 같이 자바스크립트 객체를 만든다(여기서는 단순하게 설명하기 위해 코드의 일부분은 생략하고 '...'로 대체했다).

```javascript
const tweet = {
    node: 'div',
    class: 'tweet',
    children: [
        {
            node: 'div',
            class: 'header',
            children: [... ]
        },
        {
            node: 'div',
            class: 'content',
            children: [
                {
                    node: 'p',
                    class: 'text',
                    children: 'Hello, world!'
                },
                ...
            ]
        }
    ]
};
```

이 객체를 사용해 2개의 render( ) 함수를 쉽게 작성할 수 있다. 하나는 Node.js용으로 이 객체를 횡단하며 HTML 문자열을 만들고, 나머지 하나는 브라우저용으로 역시 이 객체를 횡단하며 document.createElement(...) 등을 사용해 DOM 트리를 만든다.

웹 페이지에서 여러 개의 트윗을 표현해줄 수 있도록 이 트윗 객체를 재사용할 수 있게 만들려면 이 객체를 함수로 바꿔야 한다. 다음과 유사한 모양이 될 것이다.

```
function createTweet({ author, text }) {
    return {
        node: 'div',
        class: 'tweet',
        children: [
            {
                node: 'div',
                class: 'header',
                children: [...]
            },
            {
                node: 'div',
                class: 'content',
                children: [
                    {
                        node: 'p',
                        class: 'text',
                        children: text
                    },
                    ...
                ]
            }
        ]
    };
}
```

이제 이 함수에 데이터를 전달함으로써 트윗 객체를 만들 수 있다(리액트에서 사용하는 용어로 말하면, props를 전달하면 HTML로 렌더링된다).

```
const tweet = createTweet({ author: ..., text: 'Hello, world!' });
const html = render(tweet);
```

React.js는 이러한 접근 방법의 복잡함을 추상화를 통해 상위 수준으로 올려줘, 소수의 퍼블릭 메소드만 사용하게 함으로써 API를 단순하게 만들어준다. 예를 들어, 렌더링해주는 함수를 직접 만드는 대신에 다음과 같이 사용할 수 있다.

```
// Node.js
import ReactDOM from 'react-dom';
ReactDOM.hydrate(tweet, document.body);

// 브라우저
import ReactDOM from 'react-dom/server';
const html = ReactDOM.renderToString(tweet);
```

 리액트 16부터는 react-dom 패키지의 render 메소드는 hydrate로 불린다.

브라우저에서 리액트는 UI를 가상으로 처리하면서 발생한 변경사항을 가장 효과적인 방식으로 실제 DOM에 동기화한다. 따라서 브라우저의 DOM 변경을 걱정하지 않아도 되며, 그 시간에 JSX 문법을 사용해 선언하는 방식으로 앱의 UI 요소를 만드는 것과 애플리케이션의 상태state 관리에 집중할 수 있다.

리액트가 바로 동형 앱의 UI 부분을 개발하기 위해 사용하게 될 라이브러리다.

▌ 예제 앱 설명

이 책의 나머지 장 전반에 걸쳐 웹 애플리케이션 예제를 만들어볼 것이다. 이 예제는 에어비엔비 사이트와 유사하게 사용자가 임대할 자산의 목록을 보여주거나 또는 다른 사람이 임대하려고 게시한 흥미로운 아이템들을 찾을 수 있다.

앱의 인터페이스는 다음 화면과 비슷한 모양이 될 것이다.

이 책이 끝날 때 즈음에는 최소한의 기능을 갖는 제품이 완성되고, 마지막 장의 배포 과정을 통해 상용 환경에 사이트를 게시해 더 많은 관심을 받게 만들 수 있다.

시작하기 위해 필요한 것

자바스크립트 크로스 스택^{cross-stack} 동형 애플리케이션 예제를 만들어볼 것이다. 유일한 요구사항은 최신 버전의 Node.js와, ES6/ES2015 및 JSX를 지원하는 텍스트 편집기나 IDE를 자신의 장비에 설치하는 것이다. Node.js가 설치되지 않았다면 다음 웹사이트에서 구체적인 설치 방법을 확인할 수 있다.

https://nodejs.org/en/

선택사항으로 브라우저에서 리액트 앱을 디버깅할 때 도움을 받을 수 있는 구글 크롬 Google Chrome이나 파이어폭스Firefox의 확장 프로그램 중에서 React Developer Tools를 설치할 수도 있다.

프로젝트 의존성 설치하기

계속해서 프로젝트에서 사용할 빈 폴더를 만들고 package.json 파일을 추가한다. 그리고 1장을 진행하는 데 필요한 npm 모듈들을 설치한다. 명령줄에서 `npm init` 명령어를 실행해 package.json 파일을 새로 생성하거나 또는 그냥 수동으로 만들고 빈 JSON 파일이 되도록 { }를 입력한다.

다음 표는 각 모듈이 앱에서 사용되는 위치(시점)를 나타낸다.

npm 모듈	클라이언트	서버	빌드	테스트
babel-cli			x	
babel-core	x	x		
babel-eslint				x
express			x	
del		x		
eslint				x
eslint-config-airbnb				x
eslint-plugin-react				x
extend			x	

npm 모듈	클라이언트	서버	빌드	테스트
gaze			x	
ncp			x	
moment	x	x		
react	x	x		
react-dom	x	x		
webpack			x	

일부 패키지는 앱의 클라이언트에서만 사용되고, 어떤 패키지는 서버 코드(Node.js)에서만 사용되며, 어떤 패키지는 클라이언트와 서버 간에 공유된다. 앱에서 직접 사용하지는 않지만 번들링bundling하고 최적화, 테스트, 디버깅하는 데 사용되는 패키지도 있다.

다음은 이러한 패키지에 관한 간략한 설명이다.

- babel-cli/babel-core: 자바스크립트 트랜스파일러transpiler를 통해 새로운 자바스크립트 문법을 선택한 브라우저에서 지원하는 자바스크립트 문법으로 바꿔준다.
- express: 웹 프레임워크로, 이 책에서는 서버에 사용된다.
- del: 파일이나 폴더를 쉽게 삭제하도록 해준다.
- eslint*: 자바스크립트 린터linter이며, 새로운 자바스크립트 문법을 가지고 동작한다.
- extend: 자바스크립트 객체를 다른 자바스크립트 객체로 확장해준다.
- gaze: 파일 시스템의 파일 변경사항을 감시한다.
- ncp: 비동기 재귀 파일 복사 유틸리티다.
- moment: 자바스크립트에서 시간을 처리하기 위한 라이브러리다.
- react*: 여기서 자세한 설명은 하지 않는다.
- webpack: 동형 앱에서 사용하게 될 모듈 번들러다.

이러한 패키지들을 쉽게 설치하기 위해서는 다음을 실행한다.

```
$ npm install babel-core bluebird express \
    moment, react, react-dom --save

$ npm install babel-cli babel-eslint babel-loader del eslint \
    eslint-config-airbnb eslint-plugin-react \
    extend gaze ncp webpack --save-dev
```

이 모듈의 대부분은 명령줄에 --save-dev 인자를 사용해 개발용 종속성(devDependencies)으로 설치해야 한다. 애플리케이션 종속성으로 설치해야 하는 패키지는 Node.js 앱에서 런타임에 사용 가능하도록 지원돼야 하는 것들이며, 이전 표에서 '서버' 항목을 참조하기 바란다. 또한 애플리케이션에서 런타임에 사용되는 모듈의 정확한 버전 번호를 사용하는 것이 좋다.

이제, package.json 파일의 내용은 다음과 비슷한 모양이 된다.

```
{
    "private": true,
    "dependencies": {
        "bluebird": "3.5.0",
        "express": "4.15.4",
        "moment": "2.18.1",
        "react": "16.0.0",
        "react-dom": "16.0.0"
    },
    "devDependencies": {
        "autoprefixer": "7.1.4",
        "babel-cli": "6.26.0",
        "babel-core": "6.26.0",
        "babel-eslint": "8.0.0",
        "babel-loader": "7.1.2",
        "babel-plugin-transform-runtime": "6.23.0",
        "babel-preset-node5": "12.0.1",
```

```
            "babel-preset-react": "6.24.1",
            "babel-preset-stage-0": "6.24.1",
            "del": "3.0.0",
            "eslint": "4.7.0",
            "eslint-config-airbnb": "15.1.0",
            "eslint-plugin-react": "7.3.0",
            "extend": "3.0.1",
            "gaze": "1.1.2",
            "ncp": "2.0.0",
            "webpack": "3.6.0"
    }
}
```

▌ 기본 프로젝트 구조

이제 다음과 같은 모양으로 프로젝트에서 사용할 초기 폴더 구조를 만들어보자.

```
.
├── /build/          # 컴파일된 결과물이 저장되는 폴더
├── /components/     # 리액트 컴포넌트
├── /core/           # core 애플리케이션 코드
├── /data/           # GraphQL 데이터 타입
├── /node_modules/   # 타사 라이브러리와 유틸리티
├── /public/         # 정적 파일
├── /routes/         # 동형 애플리케이션 경로
├── /test/           # 단위/통합 테스트
├── /tools/          # 빌드 자동화 스크립트와 유틸리티
├── .babelrc         # Babel 설정 파일
├── .editorconfig    # 텍스트 편집기 설정 파일
├── .eslintrc        # ESLint 설정 파일
├── .gitignore       # SCM(소프트웨어 형상 관리)에서 제외된 파일
├── client.js        # 클라이언트 측 시작 스크립트
├── package.json     # 다양한 프로젝트 메타데이터가 포함된 파일
└── server.js        # 서버 측 시작 스크립트
```

소스 파일을 특정 방식으로 구조화하는 것은 중요하며, 파일에 쉽게 접근할 수 있고 파일 간의 참조가 쉬워진다. 하지만 너무 많이 중첩된 폴더 구조는 피하는 것이 좋다. 파일의 유형에 따라 분류하기보다는 목적에 따라 분류하는 편이 좋다.

개발자들은 클라이언트와 서버 폴더로 애플리케이션 소스 코드를 분리하기도 한다. 동형 앱에서 이러한 작업은 불필요한데, 대부분의 컴포넌트는 클라이언트 측과 서버 측 코드에서 공유되기 때문이다.

설정 파일(.babelrc, .editorconfig, .eslintrc, .gitignore)을 이 책에 포함되어 있는 예제 소스 코드에서 자신의 프로젝트 폴더로 복사한다.[1]

첫 번째 리액트 컴포넌트 만들기

다음으로 첫 번째 리액트 컴포넌트를 만들어볼 것이며, 그 후 클라이언트와 서버 측에 모두 렌더링해볼 것이다. 다음과 같이 components/App.js를 만들어보자.

```
import React, { Component } from 'react';
import moment from 'moment';

class App extends Component {
    constructor(props) {
        super(props);
        this.state = { time: null };
    }
    componentDidMount() {
        this.tick();
        this.interval = setInterval(this.tick.bind(this), 200);
    }
    componentWillUnmount() {
        clearInterval(this.interval);
    }
```

---

1   설정 파일은 hidden 속성이다. – 옮긴이

```
    tick() {
        this.setState({ time: new Date() });
    }
    render() {
        const time = this.state.time;
        const timeString = time && moment(time).format('h:mm:ss a');
        return (
            <div>
                <h1>Sample Application</h1>
                <p>Current time is {timeString}</p>
            </div>
        );
    }
}

export default App;
```

이 컴포넌트에서는 상태^{state}를 사용하므로, React.Component 기본 클래스를 확장한 후 constructor() 메소드로 초기 상태를 설정한다. 리액트 라이프 사이클 메소드 componentDidMount()와 componentWillUnmount() 이 둘을 사용해 컴포넌트가 브라우저의 DOM에 마운트될 때 타이머를 시작하고, 컴포넌트가 마운트 해제되기 전에 타이머를 초기화한다. render() 메소드에서는 Moment.js 라이브러리를 사용해 날짜 객체를 사용자가 잘 알아볼 수 있는 형식의 문자열로 변환해준다.

초기 시간 상태 변수를 new Date()를 사용하지 않고 null로 설정했음에 주목하자. 이렇게 하면 render() 메소드에 대한 첫 번째 호출(초기 렌더링 도중) 시 UI 트리의 메모리 내에서 처리된 내용과 완벽하게 동일한 값이 반환되게 할 수 있다. 이 컴포넌트가 클라이언트 측 브라우저에서 렌더링될 때, 리액트에서는 먼저 해당 UI 트리의 체크섬^{checksum}이 서버에 렌더링된 것과 대응되는지 확인한다. 만약 그렇다면 처음부터 HTML 페이지를 만들지 않고 DOM에 이미 존재하는 HTML을 가져온 다음 필요한 DOM 이벤트 핸들러를 바인딩만 해줌으로써, DOM에 있는 최상위 리액트 컴포넌트(예제 앱의 경우)를 효과적으로 마운트하게 된다.

현재 리액트 버전의 render( ) 메소드에서는 여러 개의 컴포넌트를 반환할 수 없다. 예를 들어, 다음 코드는 "Adjacent JS elements must be wrapped in an enclosing tag" 오류가 나며 실행되지 않는다.

```
render() {
    return (
        <h1>Sample Application</h1>
        <p>Current time is {new Date().toString()}</p>
    );
}
```

대부분의 경우 이는 문제가 되지 않는다. 필요하다면 깃허브^{GitHub}의 리액트 저장소에 있는 2127번 이슈를 구독해 이 문제의 상태를 확인해볼 수도 있다.

클라이언트와 서버에서 리액트 앱 렌더링하기

클라이언트(브라우저)와 서버(Node.js)에서 동일한 최상위 리액트 컴포넌트를 렌더링하는 방법을 보여주는 코드 두 가지를 살펴보자.

클라이언트에서 App 컴포넌트를 렌더링하기 위한 코드는 다음과 같다.

```
import ReactDOM from 'react-dom';
import App from './components/App';
ReactDOM.hydrate(<App />, document.getElementById('app'));
```

서버(Node.js 앱)에서 동일한 컴포넌트를 렌더링하기 위한 코드는 다음과 같다.

```
import ReactDOM from 'react-dom/server';
import App from './components/App';
const html = ReactDOM.renderToString(<App />);
```

이 두 가지 메소드는 App 컴포넌트의 UI 트리(가상^{virtual} DOM이라고도 함)를 메모리에서 처리하게 된다. 첫 번째 메소드는 <div id="app"></div> HTML 요소 내부의 실제 DOM과 가상 DOM을 비교한 후, 실제 DOM을 가상 DOM과 정확히 대응되도록 변경한다. 두 번째 메소드는 단지 메모리에서 처리된 UI 트리를 HTML로 바꿔주며, 그 후에는 클라이언트로 전송된다.

이제, 클라이언트와 서버 측 애플리케이션 코드 예제를 어떻게 마무리하는지 살펴보자. 계속해서 다음과 같이 client.js 파일을 만든다.

```
import 'babel-core/register';
import React from 'react';
import ReactDOM from 'react-dom';
import App from './components/App';

function run() {
    ReactDOM.hydrate(<App />, document.getElementById('app'));
}

const loadedStates = ['complete', 'loaded', 'interactive'];

if (loadedStates.includes(document.readyState) && document.body) {
    run();
} else {
    window.addEventListener('DOMContentLoaded', run, false);
}
```

이 코드에서는 HTML 페이지가 브라우저에 완전히 로드됐을 때만 리액트 애플리케이션이 마운트된다.

서버 측 앱을 위한 server.js 파일은 다음과 같다.

```
import express from 'express';
import React from 'react';
import ReactDOM from 'react-dom/server';
```

```
import App from './components/App';

const server = express();
const port = process.env.PORT || 3000;
server.get('*', (req, res) => {
    const title = 'Sample Application';
    const app = ReactDOM.renderToString(<App />);
    res.send(`<!doctype html>
<html>
<head>
<title>${title}</title>
<src script="client.js"></script>
</head>
<body>
<div id="app">${app}</div>
</body>
</html>`);
});

server.listen(port, () => {
    console.log(`App is listening at http://localhost:${port}/`);
});
```

여기서는 App 컴포넌트를 HTML 문자열로 렌더링한 후 유효한 HTML5 문서의 <head>
와 <body> 부분에 포함시킨 다음, 서버로 HTTP 요청을 할 때마다 클라이언트에 전송
한다.

또한 앞서 생성된 ES7 문자열 리터럴을 리액트 기반 템플릿으로 바꿔줌으로써 HTML 조각
화[HTML fragment]를 회피하기 위한 고민을 하지 않아도 된다. 그렇게 하기 위해 components/
Html.js 파일을 다음과 같이 생성한다.

```
import React from 'react';

const Html = (props) =>
    <html>
```

```
    <head>
        <meta charSet="utf-8" />
        <meta httpEquiv="x-ua-compatible" content="ie=edge" />
        <title>{props.title || ''}</title>
        <meta name="description"
            content={props.description || ''} />
        <meta name="viewport"
            content="width=device-width, initial-scale=1" />
        <script src="client.js" />
    </head>
    <body>
        <div id="app"
            dangerouslySetInnerHTML={{ __html: props.children }} />
    </body>
</html>;

export default Html;
```

이 컴포넌트에서는 상태^{state}를 사용하지 않기 때문에 React.Component에서 확장할 필요가 없고, 대신 속성의 컬렉션을 인자로 받아서 리액트 컴포넌트를 반환하는 일반 함수를 사용한다. 리액트 컴포넌트에서 사용되는 마크업의 태그는 모두 적절하게 닫혀 있어야 하고, 유효한 JSX 속성을 사용해야 한다. 예를 들면, <meta charset="utf-8">이 아니라 <meta charSet="utf-8" />과 같이 작성해야 한다.

 JSX 문법을 처음 접해본다면 다음 페이지에서 더 많은 정보를 얻을 수 있다.
• https://reactjs.org/docs/jsx-in-depth
• https://reactjs.org/docs/introducing-jsx.html

그 밖에 server.js 파일에 추가할 사항은, Express.js 정적 미들웨어를 추가해 /public 폴더의 robots.txt 같은 정적 파일을 제공할 수 있게 만들어주는 것이다.

이제, 최종 server.js 파일은 다음과 같은 형태가 된다.

```
import path from 'path';
import express from 'express';
import React from 'react';
import ReactDOM from 'react-dom/server';
import Html from './components/Html';
import App from './components/App';

const server = express();
const port = process.env.PORT || 3000;

server.use(express.static(path.join(__dirname, 'public')));

server.get('*', (req, res) => {
    const body = ReactDOM.renderToString(<App />);
    const html = ReactDOM.renderToStaticMarkup(<Html
        title="My App"
        description="Isomorphic web application sample"
        body={body} />);
    res.send('<!doctype html>\n' + html);
});

server.listen(port, () => console.log(
    `Node.js server is listening at http://localhost:${port}/`
));
```

▎ 앱을 로컬에서 실행하고 테스트하기

다음 단계는 빌드 자동화 스크립트를 구성하는 것이며, 소스 코드를 번들링하고 최적화함으로써 서버에 배포할 수 있게 해준다. 더불어 로컬에서 HTTP 서버를 시작할 수 있는 스크립트를 만들어 앱을 테스트하고 디버깅할 수 있게 한다.

웹 애플리케이션의 소스 코드를 분할 가능한 형태로 번들링해 브라우저와 서버에서 동작하도록 최적화하는 것이 좋다. 또한 server.js에는 현재의 Node.js에서 인식할 수 없는 async/await 같은 문법이 포함되어 있으므로, 이 상태로는 server.js를 서버에서 동작시킬 수 없다.

이 책에서는 바벨^{Babel}과 웹팩^{Webpack}을 사용해 모든 소스 코드와 그 밖의 자산^{asset}(이미지와 폰트)을 분할 가능한 형태로 변환 컴파일^{transpile}하고 번들링하며, 컴파일된 결과를 /build 폴더에 저장한다. /build 폴더의 내용은 다음과 같다.

```
.
├── /build/            # 컴파일된 결과물이 저장되는 폴더
│   ├── /public/       # 정적 파일
│   │   ├── client.js    # 클라이언트 측 애플리케이션 번들
│   │   ├── favicon.ico  # 애플리케이션 아이콘
│   │   └── robots.txt   # 검색 엔진 크롤러(crawler) 설정 파일
│   ├── package.json   # npm 모듈 목록
│   └── server.js      # 서버 측 애플리케이션 번들
└── ...
```

소스 파일에서 실행하는 것과 달리 build 폴더에서 로컬로 사이트를 실행하는 것이 좋으며, 이 방법으로 서버에 배포될 애플리케이션과 완전히 동일한 애플리케이션을 테스트할 수 있다.

프론트엔드 개발자는 빌드 자동화를 위해 그런트^{Grunt}나 걸프^{Gulp} 같은 도구를 사용하는 것이 일반적이지만, 여기서는 대부분의 작업이 웹팩^{Webpack}에서 처리되므로 개발자는 자바스크립트를 사용해 프로젝트에 있는 수많은 외부 종속성을 줄여주는 자동화 스크립트를 만들기만 하면 된다. 다음은 자바스크립트로 작성된 빌드 스크립트(tools/build.js)의 기본 골격이다.

```
async function clean() {
    // TODO: 결과물 디렉토리 초기화
}
```

```
async function copy() {
    // TODO: 정적 파일(static file)을 결과물 디렉토리에 복사
}

async function bundle() {
    // TODO: 웹팩으로 소스 코드 번들링
}

async function build() {
    await clean();
    await copy();
    await bundle();
}

export default build;
```

여기에 특정 작업(자바스크립트 함수)이 시작되고 끝날 때마다 해당 정보를 콘솔에 기록하도록 개선한다. 추가로, 해당 작업이 수행되는 데 걸리는 시간도 함께 기록한다.

tools/run.js 파일에 다음 내용을 추가해보자.

```
function format(time) {
    // 사람이 이해하기 쉬운 형식의 문자열 반환
    return time.toTimeString()
        .replace(/.*(\d{2}:\d{2}:\d{2}).*/, '$1');
}
// 비동기 fn을 실행하고, 완료되는 데 걸리는 시간 기록
async function run(fn, options) {
    const start = new Date();
    console.log(`[${format(start)}] Starting '${fn.name}'...`);
    await fn(options);
    const end = new Date();
    const time = end.getTime() - start.getTime();
    console.log(
        `[${format(end)}] Finished '${fn.name}' after ${time} ms`
    );
}
```

```
if (process.mainModule.children.length === 0 && process.argv.length > 2) {
    delete require.cache[__filename];
    const module = process.argv[2];
    run(require('./' + module + '.js'))
        .catch(err => console.error(err.stack));
}

export default run;
```

실제 run( ) 메소드 외에도, npm CLI를 사용해 자동화 스크립트 실행을 지원하는 코드가
포함되어 있다.

이제, run( ) 유틸리티 메소드를 사용하기 위해 tools/build.js 파일을 다음과 같이 수정
해보자.

```
import run from './run';

async function clean() {
    // TODO: 결과물 디렉토리 초기화
}

async function copy() {
    // TODO: 정적 파일(static file)을 결과물 디렉토리에 복사
}

async function bundle() {
    // TODO: 웹팩으로 소스 코드 번들링
}

async function build() {
    await run(clean);
    await run(copy);
    await run(bundle);
}

export default build;
```

이제, 소스 경로의 루트에 있는 package.json 파일에 다음 내용을 추가한다.

```
{
    ...
    "scripts": {
        "lint": "eslint components core data routes test tools",
        "build": "babel-node tools/run build",
        "serve": "babel-node tools/run server"
    }
}
```

이렇게 하면 npm CLI를 통해 /build 폴더에 있는 자바스크립트 기반 자동화 스크립트를 실행할 수 있다. 실행 방법은 다음과 같다.

```
$ npm run build
```

다음으로 웹팩에서 사용할 설정 파일을 만든다. tools/webpack.config.js 파일의 내용은 다음과 같다.

```
import path from 'path';
import extend from 'extend';

const common = {
    stats: {
        colors: true,
        chunks: false
    },
    module: {
        loaders: [
            {
                test: /\.js$/,
                include: [
                    path.join(__dirname, '../components'),
                    path.join(__dirname, '../core'),
```

```
                    path.join(__dirname, '../data'),
                    path.join(__dirname, '../routes'),
                    path.join(__dirname, '../client.js'),
                    path.join(__dirname, '../server.js')
                ],
                loader: 'babel-loader'
            }
        ]
    }
};

const client = extend(true, {}, common, {
    entry: path.join(__dirname, '../client.js'),
    output: {
        publicPath: '/',
        path: path.join(__dirname, '../build/public'),
        filename: client.js'
    }
});

const server = extend(true, {}, common, {
    entry: path.join(__dirname, '../server.js'),
    output: {
        path: path.join(__dirname, '../build'),
        filename: 'server.js',
        libraryTarget: 'commonjs2'
    },
    target: 'node',
    node: {
        console: false,
        global: false,
        process: false,
        Buffer: false,
        __filename: false,
        __dirname: false
    },
    externals: /^[a-z][a-z\/\.\-0-9]*$/i
});

export default [client, server];
```

- 이 파일 상단의 const common = { ... } 변수에는 공유 설정 정보가 포함되며, 클라이언트와 서버 측 번들 설정에 사용된다.
- stats 속성을 통해 웹팩이 동작할 때 어떤 정보가 콘솔에 출력돼야 할지 구성할 수 있다.
- modules.loaders 속성은 다양한 파일 유형의 소스 코드 로더^{loader}나 트랜스파일러^{transpiler}(변환 컴파일러)를 설정할 수 있다. 여기서는 components, core, data, routes 폴더의 모든 js 파일과 client.js 및 server.js가 babel-loader npm 모듈을 사용한 바벨^{Babel}을 통해 변환 컴파일돼야 한다는 뜻이며, 이때 프로젝트 소스 경로의 루트에 있는 .babelrc 파일의 설정값이 사용된다.

이 common 설정 객체를 클라이언트와 서버 번들 설정의 기본값으로 사용해 코드의 반복을 피한다. 이후의 장에서 확인하게 되겠지만, 그 이유는 클라이언트와 서버 측 번들의 설정이 대부분 동일하기 때문이다.

클라이언트 번들 설정은 /client.js 파일이 클라이언트 측 앱의 진입점이고, /build/public/client.js 파일이 애플리케이션 번들링 결과물로 저장된다는 것을 나타낸다.

이와 유사하게 서버 번들 설정은 /server.js 파일이 서버 측 앱의 진입점이고, /build/server.js 파일이 애플리케이션 번들링 결과물로 저장된다는 것을 나타낸다.

주요한 차이점은 서버 번들 설정이라는 점이며, output.libraryTarget 속성을 'commonjs2'로 명시해야 한다. target 속성은 'node'가 돼야 하고 node 속성은 실제 Node.js 환경 변수들을 포함해야 한다. externals 속성은 /^[a-z][a-z\/\.\-0-9]*$/i 여야 하며, 웹팩이 node_modules 폴더를 참조하고 있는 어떠한 소스 코드도 번들 (build/server.js)에 포함시키지 않도록 알려준다.

이제 다음과 같이 예제 빌드 스크립트의 clean( ), copy( ), bundle( ) 메소드를 구현해보자.

```javascript
import del from 'del';
import webpack from 'webpack';
import Promise from 'bluebird';
import run from './run';
import webpackConfig from './webpack.config';

async function clean() {
    await del(['build/*', '!build/.git'], { dot: true });
}

async function copy() {
    const ncp = Promise.promisify(require('ncp'));
    // public 폴더 전체와 package.json을 build 폴더로 복사
    await ncp('public', 'build/public');
    await ncp('package.json', 'build/package.json');
}

function bundle({ watch }) {
    return new Promise((resolve, reject) => {
        let runCount = 0;
        const bundler = webpack(webpackConfig);
        const cb = (err, stats) => {
            if (err) {
                return reject(err);
            }

            console.log(stats.toString(webpackConfig[0].stats));

            if (++runCount === (watch ? webpackConfig.length : 1)) {
                return resolve();
            }
        };

        if (watch) {
            bundler.watch(200, cb);
        } else {
            // 웹팩 실행
            bundler.run(cb);
```

```
        }
    });
}

async function build(options = { watch: false }) {
    await run(clean);
    await run(copy);
    await run(bundle, options);
}

export default build;
```

마지막으로, tools/serve.js 스크립트를 만들어보자. 이 스크립트는 프로젝트를 생성하고 웹팩이 소스 파일의 수정사항을 감시함으로써 소스 파일이 변경되자마자 웹팩에서 /build/server.js(서버)와 /build/public/client.js(클라이언트) 번들을 곧바로 갱신해준다. 그 외에도 /build/server.js 파일이 변경될 때마다 자동으로 Node.js 서버를 다시 시작한다.

이 스크립트의 소스 코드는 다음과 같다.

```
import path from 'path';
import cp from 'child_process';
import Promise from 'bluebird';
import build from './build';
import run from './run';

async function serve() {
    const watch = true;
    const app = path.join(__dirname, '../build/server.js')
    const gaze = Promise.promisify(require('gaze'));
    await run(build, { watch });
    await new Promise((resolve, reject) => {
        function start() {
            const server = cp.spawn(
                'node',
                [path.join(__dirname, '../build/server.js')],
```

```
                {
                    env: Object.assign(
                        { NODE_ENV: 'development' },
                        process.env
                    ),
                    silent: false
                }
            );

            server.stdout.on('data', data => {
                process.stdout.write(new
                    Date().toTimeString().replace(/.*(\d{2}:\d{2}:\d{2}).*/,
'[$1] '));
                process.stdout.write(data);
                if (data.toString('utf8').includes('Node.js server is listening
at')) {
                    resolve();
                }
            });
            server.stderr.on('data', data => process.stderr.write(data));
            server.once('error', err => reject(err));
            process.on('exit', () => server.kill('SIGTERM'));
            return server;
        }

        let server = start();

        if (watch) {
            // server.js 파일이 변경되면 서버 재시작
            gaze('build/server.js').then(watcher => {
                watcher.on('changed', () => {
                    server.kill('SIGTERM');
                    server = start();
                });
            });
        }
    });
}

export default serve;
```

이제 콘솔에서 다음 명령어로 앱을 동작시킨다.

```
npm run serve
```

모든 것이 순조롭다면 콘솔 창에서 다음과 같은 출력 결과를 볼 수 있다.

이 결과 창에서는 웹팩에서 생성한 애플리케이션 번들 두 가지를 확인할 수 있다. server.js는 참조한 npm 모듈의 코드를 전혀 포함하지 않으므로 8.69kB이며, 빌드에 744ms가 걸렸다. client.js 번들은 앱에서 참조하는 디버그 버전 소스 코드(react, react-dom, moment 모듈)가 포함되어 있으므로, 크기는 1.07MB이고 2768ms가 걸렸다.

소스 파일 중 어떤 것이라도 변경되면 웹팩에서 해당 번들을 다시 컴파일한다. 하지만 이 때는 번들링에 걸리는 시간이 서버 측은 약 50ms가량, 클라이언트 측은 약 500ms가량 적게 걸리며, 이는 두 번의 컴파일 과정에서 변경되지 않는 번들과 결과물 파일을 캐시하기 때문이다.

대규모의 애플리케이션에서 최초 컴파일은 30초 이상, 이후 변경사항에 대한 컴파일은 약 2~3초가 걸린다. 만약 컴파일에 이 시간보다 오래 걸린다면 이는 빌드 설정에 어떤 문제가 있는 것이다.

이제 다음과 같이 http://localhost:3000/ URL을 브라우저에서 열어보면 앱이 어떤 모양인지 확인할 수 있다.

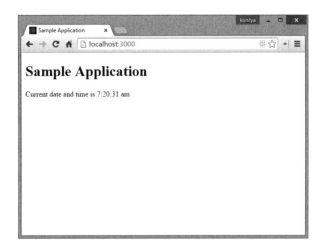

축하한다! 기본적인 리액트 애플리케이션의 첫 번째 단계를 성공적으로 마쳤고, 서버와 클라이언트 측에서 모두 렌더링되는 것을 확인했다. 이제 이 책에서 제공하는 예제 소스 코드와 자신의 코드를 비교해보고, 1장의 모든 단계가 정확히 완료됐는지 다시 한번 점검해보자.

▌ 요약

1장에서는 동형 앱에 관한 기본적인 내용을 간략하게 전달했다. 그리고 자바스크립트 동형 앱을 개발하는 데 필요한 도구에 대해 설명했다. 2장에서는 리액트를 사용해 웹 UI를 만드는 방법을 살펴보겠다.

02

리액트 웹 UI 만들기

지금까지 자바 스크립트와 노드의 동형성^{isomorphism}에 관해 알아봤고, 개발 도구인 웹팩 ^{Webpack}을 확인하면서 프로젝트의 기초를 다졌다. 이제 여기에 맞는 **사용자 인터페이스**^{UI,} $^{user\ interface}$를 만들 차례다.

2장에서는 UI를 컴포넌트로 분할하는 방법, 컴포넌트의 스타일을 지정하는 방법, CSS를 공유하지 않으면서 컴포넌트를 공유 및 재사용하는 방법, 특정 URL이나 경로에서 각기 다른 앱의 화면(또는 페이지)을 렌더링하는 방법을 살펴본다.

2장에서 다루는 내용은 다음과 같다.

- 컴포넌트 기반 UI 개발
- 상태저장과 상태비저장 리액트 컴포넌트

- 프로젝트에서 UI 컴포넌트 그룹화
- UI를 컴포넌트 계층구조로 분해하기
- 리액트로 정적 버전 만들기
- 기본 동형 라우터 구현하기

▌컴포넌트 기반 UI 개발

처음으로 중대형 웹 애플리케이션 프로젝트를 한다면, 머지않아 프로젝트 전반에서 CSS 와 그 밖의 자산^asset 에 대한 공유가 버그를 끊임없이 만들어내고 개발 과정을 더 어렵게 만든다는 사실을 깨닫게 될 것이다. 예를 들어, 팀 구성원이 새로운 어떤 기능을 사이트에 추가하기 위해 글로벌 CSS 규칙을 추가했으나 갑자기 기존의 몇몇 페이지가 깨져 보인다고 가정해보자. 비록 시작은 단순했으나 곧 앱에 복잡한 문제를 일으키고, 웹 UI 아키텍처와 프로젝트 구조를 유지보수 및 관리가 쉽게 만들기 위해 다시 고민해야 하는 이슈에 직면하게 된다.

많은 기업에서 컴포넌트 기반 방법론으로 웹 UI를 개발한다. 이 방법론에서는 공유 스타일, 미디어 자산, 지역화^localization 파일 등을 참조하는 방식이 아니라, 개발자가 별개로 개발하고 테스트할 수 있는 독립적인 컴포넌트를 만든다. 이러한 컴포넌트는 여러 앱에서 단위^unit 나 모듈^module 로 공유되고 재사용된다. 모든 컴포넌트에는 특정 UI 요소를 렌더링하기 위해 필요한 소스 파일이 모두 포함되어 있으며, 자바스크립트 코드와 CSS 스타일, 이미지, 단위 테스트, 문서, 그 외에 필요한 파일들이 해당된다. 모듈 번들러(예: 웹팩, 브라우저리파이^Browserify)의 도움으로 이 같은 컴포넌트를 포함하고 있는 애플리케이션은 웹 서버로 배포되기 전에 분할 가능한 형태로 컴파일된다.

Q: 각 컴포넌트를 위한 파일(CSS, 이미지, 아이콘, 폰트)은 모두 별도의 폴더에 담아야 하는가?

A: 그렇다. 처음에는 과한 작업처럼 보이겠지만, 이와 같은 구조에 익숙해진 후에는 정말 고마워하게 될 것이다. UI 수정 작업이 쉬워질 뿐만 아니라, 팀에 새로운 개발자가 들어왔을 때 명확히 이해할 수 있게 된다. 리액트로 웹 UI를 만든다고 해서 컴포넌트 기반 개발 방법론을 사용한다는 뜻은 아니다.

오래전 2007년에 얀덱스^{Yandex}사에서 만든 모듈화된 웹 애플리케이션을 개발하기 위한 BEM이라는 방법론을 알고 있을지도 모르겠다. 여기서는 개발자가 복잡한 웹 UI를 작은 블록(컴포넌트)으로 만들 수 있는 방법을 설명하고 있다. 이 방법론은 다양한 기업에서 폭넓게 수용됐고, 현재까지도 프론트엔드 개발 커뮤니티에서 잘 알려진 개발 방법론으로 남아 있다. 예를 들어 트위터의 SUITE CSS 프레임워크와 구글의 MDL^{Material Design Light}이 있으며, 이 둘 모두 BEM에서 많은 영감을 받았다.

이 방법론에 대해 처음부터 자세히 알고 싶다면 https://en.bem.info와 http://getbem.com/faq/를 참고한다.

BEM 방법론은 공식 사이트에서 설명한 대로이며, 이 책에서 배울 내용에 완전하게 해당되지는 않지만 핵심 내용의 일부를 차용한다. 원칙과 아이디어는 다음과 같다.

- 각기 다른 컴포넌트 간에 사용되는 공유 CSS 스타일을 피한다. 언뜻 보면 코드 중복이 많은 것 같지만, 실제로는 컴포넌트의 이식성과 재사용성 측면에서 UI 코드 유지관리와 리팩토링이 쉬워진다.
- CSS 스타일의 충돌 발생 가능성을 제거한다. 예를 들어, 2개 이상의 컴포넌트에 .title 클래스 이름이 정의되어 있고 하나의 웹 페이지에서 이를 사용하려 한다면 둘 중 어느 하나가 우선순위를 갖게 된다. BEM에서 이 문제는 보통 네임스페이스의 사용으로 해결되지만, 여기서는 CSS Modules와 웹팩으로 이 문제를 해결한다.

- 단위 테스트와 문서화를 포함해 각 컴포넌트의 모든 자산을 프로젝트 내 공간에 그룹화할 방안을 찾는다. 예를 들어, 프로젝트의 컴포넌트를 삭제하면 사용하지 않는 CSS 스타일이나 그 밖의 결과물이 전혀 남아 있지 않아야 한다.
- CSS 클래스만으로 의도^{intent}와 구조를 표현한다. 또한 요소 선택자^{selector}의 사용을 피한다. 예를 들어, 어떤 UI 요소들에서 `<h1>`이나 `<div>` 요소를 선택하고, 거기에 `.title` 클래스를 적용하면 모두 같은 모양이 된다.
- 연결되거나 중첩된 CSS 클래스 선택자의 사용을 피한다. 예를 들면, `.item.selected { }`나 `.item .selected { }` 대신에 `.item--selected { }`를 사용한다.

인라인^{inline} CSS가 UI 개발의 새로운 추세가 아닌가라고 생각할 수 있다. 인라인 CSS의 사용이 리액트로 SPA 형태의 애플리케이션을 개발한다는 맥락에서는 아주 좋은 반면, 동형 웹 애플리케이션 관점에서는 완벽하지 않을 수 있다. 그 이유는 서버에서 만들어진 미리 렌더링된^{pre-rendered} HTML에서 인라인 스타일은 너무 장황해질 수 있기 때문이다. 하지만 일반적인 앱의 룩앤필^{look and feel}을 위한 외부 스타일 시트와 동적인 기능을 위한 인라인 CSS를 모두 사용하는 것을 막을 수는 없다. 단지 이 둘을 균형 있게 적절히 사용해야 한다.

 순수 인라인 CSS 방법론이 궁금하다면, 이 주제에 대해 크리스토퍼 체도(Christopher Chedeau, Vjeux로도 알려져 있음)로 검색되는 많은 영상을 찾아볼 수 있다(예: https://vimeo.com/116209150).

▌ 상태저장과 상태비저장 리액트 컴포넌트

웹 앱 UI 요소의 대부분은 동일한 입력 파라미터가 주어진다면 동일한 방식으로 렌더링되는 상태비저장^{stateless} 리액트 컴포넌트다. 이는 잘 알려진 순수 함수^{pure function}의 아이디어에 기초를 두고 있다.

이러한 컴포넌트를 만드는 가장 좋은 방법은 다음 예제에서 보여주는 것처럼 속성을 받는 간단한 함수를 사용하는 것이다.

```
function Checkbox({ name, label, ...other }) {
    return (
        <div className="field" {...other}>
            <input className="input" type="checkbox" name={name} />
            <label className="label">{label}</label>
        </div>
    );
}
```

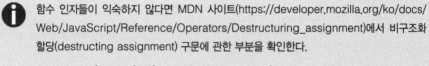

함수 인자들이 익숙하지 않다면 MDN 사이트(https://developer.mozilla.org/ko/docs/Web/JavaScript/Reference/Operators/Destructuring_assignment)에서 비구조화 할당(destructing assignment) 구문에 관한 부분을 확인한다.

```
function ({ name }) { console.log(name); }
```
그리고
```
function (props) { console.log(props.name); }
```

Flow 타입 분석기나 리액트의 PropTypes 제약조건을 사용해 리액트 컴포넌트 입력 파라미터의 유효성을 항상 확인하는 것이 좋다.

 리액트 16부터는 PropTypes가 react 패키지에 포함되지 않고 prop-types라는 별도의 패키지에 포함된다.

다음과 같이 리액트 컴포넌트에 속성^{props}을 확인^{validation}하는 기능을 추가해보자.

```
import React from 'react';
import PropTypes from 'prop-types';
function Checkbox({ name, label, ...other }) {
    return (
        <div className="field" {...other}>
            <input className="input" type="checkbox" name={name} />
            <label className="label">{label}</label>
        </div>
    );
}
Checkbox.propTypes = {
    name: PropTypes.string.isRequired,
    label: PropTypes.string.isRequired
};
export default Checkbox;
```

 페이스북에서 개발한 Flow는 정적 타입 분석기로, 자바스크립트 프로그램의 타입 오류를 찾아내도록 설계됐다. 더 자세한 사항은 https://flow.org/를 참고한다.

리액트 컴포넌트가 상태state를 갖고 있지 않다면 순수 함수로 작성하는 것이 좋다. 리액트에서는 내부적으로 이러한 방식을 통해 컴포넌트의 사용을 최적화한다. 또한 이러한 방식은 클래스 기반 문법으로 컴포넌트를 작성하는 것과는 대조적으로 코드를 좀 더 단순하게 해준다. 실제로 이러한 컴포넌트를 가능한 한 많이 사용하게 될 것이다.

나머지 리액트 컴포넌트는 내부 상태를 갖는다. 다음 예제에서 볼 수 있듯이, 이러한 컴포넌트 유형은 ES6 클래스 기반 문법으로 작성하는 것이 좋다.

```
import React, { Component } from 'react';

class Menu extends Component {
    constructor() {
```

```
        super();
        this.state = { hidden: false };
    }
    render() {
        return (
            <div className="menu"
                style={{ display: this.state.hidden && 'none' }}>
                ...
            </div>
        );
    }
}

export default Menu;
```

 이 예제에서는 동적인 기능을 위해 인라인 CSS를 사용하고 있으며, 외부 파일에 CSS 규칙을 정의하고 해당 요소에 .hide CSS 클래스를 추가하는 것보다 간단하다.

컴포넌트에 속성을 확인하는 기능 추가는 다음과 같이 ES7 클래스 속성 이니셜라이저 initializer를 사용하면 아주 간단하다.

```
import React, { Component } from 'react';
import PropTypes from 'prop-types';
class Counter extends Component {
    static propTypes = { initialCount: PropTypes.number };
    static defaultProps = { initialCount: 0 };
    constructor(props) {
        super(props);
        this.state = { count: props.initialCount };
    }
    tick = () => {
        this.setState({ count: this.state.count + 1 });
    };
```

```
    render() {
        return (
            <div onClick={this.tick}>Clicks: {this.state.count}</div>
        );
    }
}

export default Counter;
```

경험상 리액트로 작업할 때는 대부분의 리액트 컴포넌트를 상태비저장^{stateless}으로 유지하는 편이 좋다. 그렇게 하면 상태를 가장 적절한 위치에 둘 수 있고, 중복이 최소화되며, 애플리케이션의 동작 방식을 이해하기가 좀 더 쉬워진다.

일반적인 패턴은 데이터만 렌더링하는 상태비저장 컴포넌트를 여러 개 만들고, 상태저장^{stateful} 컴포넌트를 만들어 상태비저장 컴포넌트들을 래핑^{wrapping}한 다음, 속성^{props}을 통해 자식 컴포넌트로 상태를 전달하는 것이다. 상태저장 컴포넌트는 인터랙션 로직을 모두 캡슐화하는 반면, 상태비저장 컴포넌트는 데이터 렌더링을 선언적 방식으로 처리한다.

상태저장 컴포넌트는 일반적으로 HTML DOM 요소를 직접 렌더링하지 않는다. 이는 MVC 패턴의 컨트롤러에 가까우며, 실제로 DOM 요소를 렌더링하기 위해 MVC의 뷰^{view}와 같이 상태가 없는 다른 우직한^{dumber} 컴포넌트를 사용한다.

▍ 프로젝트에서 UI 컴포넌트 그룹화

프로젝트 내 UI 컴포넌트 구조는 두 가지 방식으로 의견이 나뉜다. 그중 하나는 모든 단위 컴포넌트가 언제 어떻게 사용되는지 고려하지 않고 동일한 폴더에 넣는 것이다. 나머지 하나는 각 컴포넌트 그룹에 대해 하위 폴더를 많이 만드는 것이다.

두 방법 모두 장단점이 있다. 짐작했겠지만, 프로젝트의 규모와 그 밖의 유사한 사례를 고려해 무엇이 가장 균형 잡힌 중도의 방법인지를 항상 생각하는 습관을 들이는 것이 좋다.

나중에 이 책에서는 컴포넌트를 두 가지 주요 그룹으로 분리하고 각각에 대한 별도의 폴더를 만들 것이다. 컴포넌트는 공유^{shared}(여러 화면에서 재사용됨)되거나 또는 제네릭^{generic}(특정 화면이나 웹 페이지와 반드시 연관되지는 않음)이 된다. 이 컴포넌트를 components 폴더에 담고, components 폴더 내에 각각의 컴포넌트용으로 별도의 하위 폴더를 만들게 된다.

이 components 폴더의 모양은 다음과 같다.

```
├── /components/
│   ├── /Layout/
│   │   ├── /Layout.js
│   │   ├── /Layout.scss
│   │   └── /package.json
│   ├── /Navigation/
│   │   ├── /hamburger-icon.svg
│   │   ├── /Navigation.js
│   │   ├── /Navigation.scss
│   │   └── /package.json
│   ├── /Tweet/
│   │   ├── /Footer.js
│   │   ├── /Header.js
│   │   ├── /package.json
│   │   ├── /Tweet.js
│   │   └── /Tweet.scss
```

여기서 components 폴더 내의 중첩은 한 단계만 있음을 주목하자. 의도적으로 폴더 구조를 많이 중첩하지 않았고, 프로젝트 팀 구성원이 프로젝트를 쉽게 탐색할 수 있으므로 개발자 경험$^{developer\ experience}$이 개선된다.

공유 리액트 컴포넌트를 여러 개의 작은 리액트 컴포넌트로 분리하고, 이 컴포넌트를 로컬에서 사용하는 경우 동일한 폴더에 두는 것은 정상적이다. 예를 들어, 이전 예제(1장 '동형 웹 앱 시작하기'에서도 언급됨)의 Tweet 컴포넌트는 Tweet 폴더 내에 Footer와 Header 하위 컴포넌트를 포함하고 있으며, 이는 부모 Tweet 컴포넌트에서만 사용되고 앱의 다른 위치에서는 직접 참조할 수 없다.

components 폴더마다 package.json 파일이 있음을 주목하자. 이는 코드에서 다음과 같은 참조가 많아지는 것을 방지한다.

```
import Navigation from '../Navigation';
import Navigation from '../Navigation/Navigation.js';
```

Navigation 컴포넌트용 package.json의 구조는 다음과 같다.

```
{
    "private": true,
    "name": "Navigation",
    "main": "./Navigation.js"
}
```

 각 컴포넌트 폴더마다 package.json 파일을 두지 않기 위해 index.js 파일에 리액트 컴포넌트를 저장하면 안 되는 것인가? 이 같은 방법은 코드 디버깅에 문제를 일으키거나 일관성을 해칠 수 있다.

앱의 화면이나 웹 페이지를 렌더링하기 위한 컴포넌트도 만든다. 그리고 별도의 routes 폴더에 둔다. 어째서 페이지나 스크린 폴더가 아니고 routes 폴더일까? 그 이유는 이 컴포넌트가 라우팅 정보와 데이터 조회 로직^{fetching logic}을 포함하고 있기 때문이다.

다음은 routes 폴더 구조의 한 예다.

```
├── /routes/
│   ├── /Home/
│   │   ├── /Home.js
│   │   ├── /Home.scss
│   │   └── /package.json
│   ├── /Search/
│   │   ├── /Search.js
│   │   ├── /Search.scss
│   │   └── /package.json
│   ├── /Dashboard/
│   │   ├── /Dashboard.js
│   │   ├── /Dashboard.scss
│   │   └── /package.json
```

앞서 언급한 컴포넌트는 다음 웹 페이지에서 사용된다.

URL 경로	페이지 타이틀	컴포넌트
/	Home	/routes/Home
/search	Search	/routes/Search
/s/:category	Search in {Category}	/routes/Search
/dashboard	User dashboard	/routes/Dashboard

▌ UI를 컴포넌트 계층구조로 분해하기

앱이 어떤 모양을 갖게 될지 살펴보자. 홈페이지에 배경 이미지가 있는 큰 헤더[header]가 있고 헤더에는 해당 앱의 이름과 내비게이션 항목들, 표시줄[tagline], 검색 박스[search box]가 존재한다. 그리고 메인 영역에는 격자로 타일들이 있고, 각 타일은 임대할 항목에 대한 카테고리를 나타낸다. 하단에는 링크 몇 개와 팔로우 아이콘들이 들어 있는 일반적인 푸터[footer]가 있다.

다음은 앱의 홈 화면 와이어프레임^{wireframe}이다.

어떻게 이 UI를 컴포넌트로 분리할 것인지 생각해보라. 아마도 십중팔구는 하나의 Layout 컴포넌트를 가지고 헤더와 푸터, 콘텐츠 영역 같은 주요 컴포넌트를 감쌀 것이다. 그리고 정말 필요하지는 않지만 해당 페이지 헤더와 푸터를 별도의 컴포넌트로 추출하려고 할 수도 있다. 여기서는 결정하는 대로 남길 것이다. 개발하는 도중 어떤 시점에 어떤 UI 요소가 앱에서 중복됐다는 사실을 알게 된다면 언제나 Layout 컴포넌트에서 별도로 분리해낼 수 있다. 콘텐츠 영역에는 Home(홈페이지) 컴포넌트가 있고 그 안에 제목과 타일 컴포넌트가 포함된다.

이제, 다음 화면에서 검색 페이지 구조를 살펴보자.

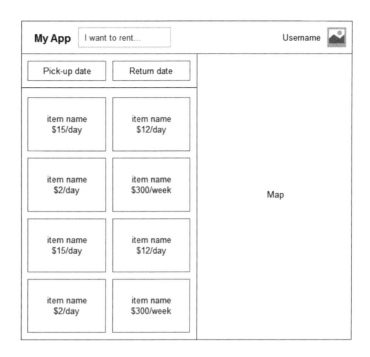

헤더의 모양이 동일하므로 기존 Header 컴포넌트를 재사용하고, showSearchBox=
{true|false} 속성만 추가해 홈페이지의 검색 박스를 숨긴다. 이 검색 페이지는 독특하
고 유연한 레이아웃으로 되어 있어 공유 컴포넌트로 분리할 필요가 없으나, 화면에서 헤
더와 맵, 검색 결과 컴포넌트의 위치를 결정해주는 로컬 Layout 컴포넌트를 사용할 수 있
다. 맵map은 화면의 우측 절반을 차지하고 있으며 구글 맵Google Map과 마커marker를 표시
한다. 헤더 하단의 좌/우에 있는 필터filter 컴포넌트는 검색 결과를 재분류해준다. 리스
트list와 리스트 아이템list item 컴포넌트는 검색 결과를 표시해준다.

무엇이 컴포넌트가 될 것인지 어떻게 알 수 있을까? 새로운 함수와 객체를 생성할 때 사
용하는 방법과 같은 방법을 사용하면 된다. 그중의 하나는 단일 책임의 원칙SRP, single
responsibility principle으로, 하나의 컴포넌트는 오직 하나의 기능만 갖는 것이 이상적임을 뜻
한다. 이 방법을 적용하면 더 작은 하위 컴포넌트로 분해할 수 있다.

▌ 리액트로 정적 버전 만들기

이제, 1장의 프로젝트 예제를 열고 해킹^{hacking}을 시작해보자. 우선 **App** 컴포넌트를 삭제한다. 왜냐하면 데모 목적으로만 사용됐고 앞으로는 앱에서 사용하지 않기 때문이다.

다음으로 이후에 만들게 될 여타 컴포넌트와 일관성을 유지하기 위해 Html.js를 Html 하위 폴더로 옮기고, 다음 내용을 components/Html/package.json 파일에 추가한다.

```json
{
    "private": true,
    "name": "Html",
    "main": "./Html.js"
}
```

이제, **Header** 컴포넌트(components/Header/Header.js, components/Header/package.json)를 만들어보자. 이 컴포넌트의 형태는 다음과 유사하다.

```jsx
import React from 'react';
import PropTypes from 'prop-types';

function Header({ children }) {
    return (
        <header>
            <div>
                <span>My App</span>
                {
                    !children &&
                    <form><input type="search" /></form>
                }
                <div>
                    <span>Username</span>
                    <imgsrc="#" />
                </div>
            </div>
```

```
                {children}
            </header>
        );
    }


    Header.propTypes = {
        children: PropTypes.element
    };


    export default Header;
```

이 Header 컴포넌트는 일반적인 페이지와 비표준 레이아웃인 검색 페이지 양쪽 모두에서
사용된다.

이제, 다음과 같이 Layout 컴포넌트를 만들어보자.

```
import React from 'react';
import Header from '../Header';
import PropTypes from 'prop-types';

function Layout({ hero, children }) {
    return (
        <div>
            <Header>{hero}</Header>
            <main>
                {children}
            </main>
            <footer>
                <span>© Company Name</span>
            </footer>
        </div>
    );
}

Layout.propTypes = {
    hero: PropTypes.element,
```

```
        children: PropTypes.element.isRequired
};

export default Layout;
```

이 Layout 컴포넌트는 hero 객체를 속성으로 받으며, Hero 컴포넌트의 인스턴스가 해당 레이아웃 계층으로 전달된다. 이 컴포넌트는 큰 헤더 요소와 검색 박스의 중앙에 제품 표시줄을 표시해준다. 이 hero 객체를 생략하면, 앱 이름이나 로고 옆에 조그만 검색 박스가 대신 표시된다.

Layout 컴포넌트가 받는 또 다른 속성은 children 객체로, 레이아웃의 콘텐츠 위치에서 렌더링된다.

 CSS 스타일에 대해서는 3장에서 다룰 것이므로 지금은 고려하지 않는다.

이제, 홈페이지를 위한 컴포넌트를 만들어보자. 먼저 routes/Home 폴더를 만들고 여기에 Hero.js와 Home.js, package.json 파일을 포함시킨다.

Hero 컴포넌트는 제품 표시줄과 검색 박스를 포함한다. 이는 오직 홈페이지에서만 사용되기 때문에 Home(홈페이지) 컴포넌트 안에 넣는다.

기본적인 Hero 컴포넌트의 소스 코드는 다음과 같다.

```
import React from 'react';

function Hero() {
    return (
        <div>
            <h2>Rent Anything You Want</h2>
            <p>From people around you</p>
            <form>
```

```
                <input
                    type="search"
                    placeholder="I want to rent..." />
                <button>Search</button>
            </form>
        </div>
    );
}


export default Hero;
```

Home.js 파일은 다음과 같이 홈페이지를 위한 마크업뿐만 아니라 라우팅 정보도 포함
한다.

```
import React, { Component } from 'react';
import Layout from '../../components/Layout';
import Hero from './Hero';

const path = '/';
const action = () => <Layout hero={<Hero />}><Home /></Layout>;

class Home extends Component {
    handleClick(event) {
        event.preventDefault();
        window.location = event.currentTarget.pathname;
    }
    render() {
        return (
            <div>
                <h2>Popular things to rent</h2>
                <div>
                    <a href="/s/Tools" onClick={this.handleClick}>
                        <span>Tools</span>
                    </a>
                    <a href="/s/Books" onClick={this.handleClick}>
                        <span>Books</span>
                    </a>
```

```
                ...
            </div>
        </div>
    );
    }
}


export default { path, action };
```

보다시피, 이 컴포넌트는 문자열(또는 정규 표현식^{regular expression})의 path 변수를 내보내며, Router 컴포넌트에서 주어진 URL 경로에 대한 렌더링을 하기 위해 해당되는 컴포넌트를 찾을 때 사용한다. 라우터에서 해당되는 컴포넌트를 찾았다면(또는 예제의 용어로는 route), 렌더링할 React 컴포넌트의 실제 인스턴스를 얻기 위해 여기에 있는 action 메소드를 실행한다.

▌기본 동형 라우터 구현하기

이후에 나오는 장에서 라우팅과 내비게이션을 다루게 되며, 지금은 기본적인 동형 라우터에 대해 살펴보자.

라우터는 모든 웹 애플리케이션의 core 컴포넌트이며, 주요 기능은 어떤 특정 URL 문자열(예: /search?q=canon)을 웹 페이지나 화면을 렌더링하는 기능의 해당 동작 메소드^{action method}와 매치^{match}해주는 것이다. 가장 단순한 형태의 라우터는 경로와 매치되는 메소드의 모음이다. 각 경로는 하나의 URL 경로 문자열(또는 정규 표현식 패턴)과 하나 또는 그 이상의 동작 메소드의 조합이다. 클라이언트 측에서는 내비게이션 컴포넌트와 조합해 사용한다(예: HTML5 History API).

다음 내용을 core/Router.js 파일에 추가해보자.

```
// TODO: 이곳에 경로를 등록
const routes = [
    require('../routes/Home')
];

const router = {
    match(location) {
        const route = routes.find(x => x.path === location.path);

        if (route) {
            try {
                returnroute.action();
            } catch (err) {
                returnroutes.find(x => x.path === '/500').action();
            }
        } else {
            returnroutes.find(x => x.path === '/404').action();
        }
    }
};

export default router;
```

모든 것이 기대한 대로 동작하는지 확인하기 위해 경로(Home)를 하나만 내부 컬렉션에 추가하며, 추후 확장 시 더 많은 경로를 라우터에 등록한다. 이는 빌드 과정에서 자동화할 수 있다.

이제 이 라우터를 client.js와 server.js 시작 스크립트로 통합하는 방법을 살펴보자.

다음은 변경된 client.js 파일이며, 브라우저에서 동작한다.

```
import 'babel-core/register';
import React from 'react';
import ReactDOM from 'react-dom';
import Router from './core/Router';
```

```
function run() {
    const component = Router.match({
        path: window.location.pathname
    });
    ReactDOM.hydrate((component, document.getElementById('app'));
}

const loadedStates = ['complete', 'loaded', 'interactive'];

if (loadedStates.includes(document.readyState) && document.body) {
    run();
} else {
    window.addEventListener('DOMContentLoaded', run, false);
}
```

다음은 server.js 파일이며 Node.js에서 동작한다.

```
import 'babel-core/register';
import path from 'path';
import express from 'express';
import React from 'react';
import ReactDOM from 'react-dom/server';
import Router from './core/Router';
import Html from './components/Html/Html';

const server = express();
const port = process.env.PORT || 3000;

server.use(express.static(path.join(__dirname, 'public')));

server.get('*', (req, res) => {
    const component = Router.match(req);
    const body = ReactDOM.renderToString(component);
    const html = ReactDOM.renderToStaticMarkup(<Html
        title="My App"
        description="Isomorphic web application sample"
        body={body} />);
```

```
        res.send('<!doctype html>\n' + html);
});

server.listen(port, () => console.log(
    `Node.js server is listening at http://localhost:${port}/`
));
```

이제 앱을 실행(npm run serve로 로컬 서버를 시작)하고 브라우저에서 http://localhost:3000/
을 열면, 지금까지 만든 홈페이지가 렌더링되는 모습을 확인할 수 있다. 콘솔에 아무런
오류가 없고, 서버에서 정상적으로 미리 렌더링됐음을 확인하기 위해 브라우저에서 페이
지의 소스 뷰를 확인한다. 모두 정상이라면 나머지 페이지와 화면들을 계속해서 프로젝
트에 추가한다.

예제의 홈페이지용 라우트 컴포넌트를 만든 방법과 동일한 방법으로 남아 있는 페이지를
스스로 만들어본다. 이를테면, 각각 /404와 /500 URL 경로를 갖는 'not found' 페이지
와 오류 페이지를 추가할 수 있다.

다음은 페이지 NotFound 컴포넌트의 예제다.

```
import React from 'react';

const path = '/404';
const action = () => <NotFound />;

functionNotFound() {
    return (
        <div>
            <h1>Page Not Found</h1>
            <p>Sorry, but the page you were trying to view does not exist.</p>
        </div>
    );
}

export default { path, action };
```

core/Router.js 파일에 이 경로를 등록한다.

```
const routes = [
    require('../routes/Home'),
    require('../routes/NotFound')
];
```

이제 해당 사이트를 열고 홈페이지의 books 링크를 클릭하면, 다음과 같은 NotFound 페이지를 확인할 수 있다.

왜 기존의 타사third-party 라이브러리를 사용해 쉽게 통합하지 않는지 의문이 생길 수 있다. 한 가지 이유는 기본 라우팅의 경우 단지 몇 줄의 코드만 작성하면 되기 때문이다. 또 다른 이유는 라우팅 구현 방법을 처음부터 알아두면 나중에 자신의 프로젝트를 진행할 때 npm에서 활용할 수 있는 다양한 타사 라이브러리들 중 적절한 내비게이션과 라우팅 솔루션을 선택하는 데 도움을 주기 때문이다.

▌ 요약

2장에서는 UI 개발에 대한 컴포넌트 기반 접근 방법과 React.js 라이브러리를 사용해 기본적인 웹 인터페이스를 만드는 과정을 진행했다. BEM 방법론의 중요한 아이디어를 언급했고, 그러한 방식으로 얻을 수 있는 이점들을 살펴봤다. 다양한 유형의 리액트 컴포넌트(상태저장과 상태비저장)를 살펴보고 이를 프로젝트에서 그룹화하는 방법에 관한 예제를 살펴봤다. 2장의 예제 코드는 간결하게 보여주기 위해 생략된 부분이 있다. 온라인으로 제공되는 2장의 예제 코드를 열어서 보고, 책에 있는 과정을 똑같이 스스로 다시 할 수 있는지 확인해보길 바란다. 3장에서는 CSS 스타일 관련 주제와 함께 웹팩, PostCSS, CSS Modules에 관한 요령과 팁을 다룬다.

03

CSS와 미디어 자산으로
작업하기

2장에서 살펴봤듯이, 이상적인 컴포넌트 디렉토리 구조는 모든 UI 요소별로 각각의 폴더가 있는 것이다. 예를 들면 다음과 같다.

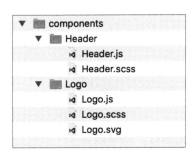

앱을 배포할 준비를 하는 빌드 과정에서 이러한 파일을 구분할 방법이 명확하지 않을 수 있다. 하지만 웹팩^{Webpack}과 브라우저리파이^{Browserify} 같은 번들 모듈러를 사용하면 이 작업이 정말 단순해진다. 이 도구를 어떻게 설정하는지 배우기만 하면 된다. 약간의 제약사항이 있지만, 3장을 완료하고 나면 스스로 이러한 최적화 도구를 설정하고 번들링하는데 어느 정도 익숙해질 것이다.

추가로, 이러한 프로젝트 구조는 CSS와 미디어 자산^{asset}(이미지, 아이콘, 폰트)의 모듈화에 많은 문제를 일으킨다. 예를 들어, 여러 컴포넌트에서 사용되는 동일한 이름의 CSS 선택자들 간의 충돌이나 CSS 상속 문제를 피할 방법이 명확하지 않을 때 이러한 이슈에 직면하게 된다.

다음은 CSS 선택자 충돌에 관한 예시다.

```scss
// Header.scss                    // Logo.scss
.name {                          .name {
    color: black;                    color: gray;
}                                }
```

3장에서 다루는 내용은 다음과 같다.

- 리액트 컴포넌트의 인라인 스타일
- CSS Modules와 PostCSS, 웹팩으로 CSS를 모듈화하는 방법
- 리액트 컴포넌트 내부에서 참조하는 CSS와 이미지, 그 밖의 리소스에 대한 웹팩 모듈 번들러 구성 방법

▌리액트 컴포넌트의 인라인 스타일

먼저, 클래스 충돌 문제를 해결하는 한 가지 방법은 인라인 스타일을 사용하는 것이다. 이는 다음의 HTML과 CSS처럼 별도의 CSS 파일을 사용하는 대신에 요소의 style 속성에 스타일을 설정하는 것을 말한다.

```
// CSS 스타일 시트
.root {
    color: white;
    background-image: url(bg.png);
    -webkit-transition: all .5s;
    transition: all .5s;
}

// HTML 코드
<div class="root">My Component</div>
```

리액트와 인라인 스타일로 다시 작성하면 다음과 같다.

```
const style = {
    root: {
        color: 'white',
        WebkitTransition: 'all .5s',
        transition: 'all .5s'
    }
};

functionMyComponent({ imageUrl }) {
    style.root.backgroundImage = `url(${imageUrl})`;
    return <div style={style.root}>My Component</div>;
}
```

스타일 객체는 카멜^{camel} 표기법으로 된 스타일 이름을 키^{key}로, 문자열로 된 스타일 값을 값^{value}으로 갖도록 정의한다. 카멜 표기법은 여타 자바스크립트 코드와 일관성을 유지하고 입력을 쉽게 해준다. ms 외의 벤더 프리픽스^{vendor prefix}는 대문자로 시작해야 한다(여기서는 webkittransition이 아닌 WebkitTransition으로 표기).

예로 든 컴포넌트는 다음 HTML 문자열로 렌더링된다.

```
<div style="color:white;background-image:url(bg.png);-webkit-transition:all
.5s; transition: all .5s">My Component</div>
```

언뜻 보기에는 이 방법이 좋지 않은 설계처럼 보이겠지만, HTML에 이러한 인라인 스타일을 작성하는 것이 아니고 자바스크립트나 JSX로 작성한다는 점을 유의하자. 이것이 중요한 차이점이다. 이 방법은 앞서 언급한 CSS 선택자 이름의 충돌 문제를 해결하는 것 외에도 다음과 같은 CSS 신봉으로 발생하는 많은 문제를 해결해준다.

- 모두가 글로벌이다. 선택자가 DOM에 있는 모든 항목에 매치된다.
- CSS에 관한 작업에 걸리는 시간이 늘어난다. 개발자들은 자신의 CSS를 두려워하게 된다. 더 이상 필요 없는 CSS 규칙을 없애는 것이 정말 안전할지 파악하기 힘들어 제거가 쉽지 않다.
- 해상도가 정해지지 않는다. CSS 파일이 페이지에 비동기식으로 삽입되는 순서에 따라 스타일이 달라진다.

반면에 이 방법은 너무 장황한 인라인 스타일로 HTML을 만들기 때문에 동형 앱과는 잘 어울리지 않을 수 있다. 또한 인라인 스타일 기법은 한계가 있다. 예를 들어, :hover나 :focus, :active 또는 미디어 쿼리$^{media\ query}$와 같이 단순한 상태는 CSS로 구현하는 편이 훨씬 간단하다.

 여기서는 전통적인 CSS를 대체하는 인라인 스타일을 사용하지 않지만, 이 부분을 더 알고 싶다면 크리스토퍼 체도(페이스북)의 다음 발표자료를 시청하기 바란다.

- http://blog.vjeux.com/2014/javascript/react-css-in-js-nationjs.html

계속해서 더 알고 싶다면, 프리 스타일(Free Style) 라이브러리를 확인해보길 바란다. 인라인 스타일 객체를 사용할 수 있고, 일반적인 CSS를 만들어내는 것도 가능하다. 또한 autoprefixer로 스타일을 프로세싱할 수도 있다.

- https://github.com/blakeembrey/free-style
- https://github.com/blakeembrey/react-free-style

CSS Modules 시작하기

CSS를 모듈화하는 또 다른 방법은 CSS Modules를 사용하는 것이다. 이 방법은 클래스 선택자 간의 충돌 문제를 고려하지 않으면서, 일반적인 CSS(또는 Sass, Less, Stylus) 리액트 컴포넌트에 스타일을 줄 수 있고, 글로벌 스타일을 최소한으로 줄여주며 완전히 없앨 수도 있다.

CSS Modules로 CSS 파일에 작성한 내용은 기본적으로 모두 로컬이다. 모든 파일은 별개로 컴파일되므로 일반 이름으로 단순 클래스 선택자simple class selector를 사용할 수 있으며, 글로벌 범위에 미치는 영향을 고려하지 않아도 된다.

다양한 상태(default, disabled, in-progress 등)를 갖는 단순한 버튼 컴포넌트를 만든다고 가정해보자. CSS Modules가 없었을 때는, CSS 클래스가 다른 UI 요소와 문제를 일으키지 않도록 하기 위해 다음과 같이 BEM 명명 규칙을 사용해야 했다.

▼ components/Button/Button.scss

```scss
.Button { /* default 상태 스타일 */ }
.Button-icon { /* 자식 요소 스타일 */ }
.Button--disabled { /* disabled 상태 재정의 */ }
.Button--inProgress{ /* in-progress 상태 재정의 */ }
```

▼ components/Button/Button.js

```js
import React from 'react';

function Button({ disabled, inProgress, children }) {
    let className = 'Button';
    if (inProgress) {
        className += ' Button--inProgress';
    } else if (disabled) {
        className += ' Button--disabled';
    }
    return (
```

```
        <button className={className}>
            <iclassName="Button-icon" />
            {children}
        </button>
    );
}

export default Button;
```

 속성 확인 로직은 코드를 단순하게 하기 위해 생략했다.

이제 <Button disabled={true}>Save</Button>을 렌더링하면 다음과 같은 결과물이 만들어진다.

```
<button class="Button Button--disabled"><i class="Button-icon"></i>Save</button>
```

이 명명 규칙의 필수 사항은 반드시 모든 애플리케이션의 컴포넌트에 유일한 이름을 지정해야 한다는 것이다. 전반적으로 이 명명 규칙에서는 CSS 코드 모듈화가 허용되지만, 이 명명 규칙을 정확하게 지키려면 개발자의 노력이 더 많이 들어간다.

CSS Modules를 사용하면, CSS 클래스명의 접두사와 새로 만든 컴포넌트 이름이 유일성을 갖도록 해야 하는 부분에 더 이상 신경 쓰지 않아도 된다. 따라서 컴포넌트를 다음과 같이 바꾸어 작성할 수 있다.

▼ components/Button/Button.scss

```
.common { /* default 상태 스타일 */ }
.icon { /* 자식 요소 스타일 */ }
.disabled { /* disabled 상태 재정의 */ }
.inProgress{ /* in-progress 상태 재정의 */ }
```

▼ components/Button/Button.js

```js
import React from 'react';
import s from './Button.scss';

function Button({ disabled, inProgress, children }) {
    let className = s.common;
    if (inProgress) {
        className += ' ' + s.inProgress;
    } else if (disabled) {
        className += ' ' + s.disabled;
    }
    return (
        <button className={className}>
            <iclassName={s.icon} />
            {children}
        </button>
    );
}

export default Button;
```

다시 `<Button disabled={true}>Save</Button>`을 렌더링해보면 다음과 같은 결과물이 만들어진다.

```
// 디버그 모드
<button class="Button_common_7Uc Button_disabled_T2i"><i class="Button_icon_mYi">
</i>Save</button>
// 릴리스(프로덕션) 모드
<button class="7Uc T2i"><i class="mYi"></i>Save</button>
```

이 컴포넌트의 styles 변숫값은 다음과 같다.

```
{
    root: 'Button_common_7Uc',
```

```
    icon: 'Button_icon_mYi',
    disabled: 'Button_disabled_T2i'
}
```

CSS Modules에서는 코드에서 사용된 모든 클래스 선택자에 대한 유일한 이름을 생성해
준다. 클래스 이름을 생성하는 패턴을 사용자 정의할 수도 있다. 예제와 같이 다음과 같
은 패턴을 사용할 수 있다.

- 개발용: [name]_[local]_[hash:base64:3]
- 배포용: [hash:base64:3]

이 장에서 CSS Modules 설정 방법에 대해 더 알아볼 것이다.

또 다른 재미있는 CSS Modules의 특징은 CSS 클래스 선택자를 구성하는 능력이다. 일
반적인 CSS 코드를 예로 들어보자.

```
// CSS 스타일 시트
.common {
    border: 1px solid black;
    border-radius: 3px;
}
.default {
    color: blue;
}
.alternate {
    color: green;
}

// JSX 코드
<div className={s.common + ' ' + s.default}>Default</div>
<div className={s.common + ' ' + s.alternate}>Alternate</div>
```

CSS Modules 구성^{composition}을 사용하면 다음과 같이 다시 생성된다.

```
// CSS 스타일 시트
.common {
    border: 1px solid black;
    border-radius: 3px;
}
.default {
    composes: common;
    color: blue;
}
.alternate {
    composes: common;
    color: green;
}

// JSX 코드
<div className={s.default}>Default</div>
<div className={s.alternate}>Alternate</div>
```

이 코드는 다음과 같이 앞서 살펴본 예제와 동일한 HTML과 CSS를 렌더링하게 된다.

```
<div class="common default">Default</div>
<div class="common alternate">Alternate</div>
```

비슷한 방법으로, 다음과 같이 외부 파일에서 CSS 클래스를 구성할 수도 있다.

```
// components/colors.scss
.primary {
    color: red;
}
.secondary {
    color: blue;
}

// components/Button/Button.scss
.common { /* 공통 스타일 */ }
```

```
.default {
    composes: common;
    composes: primary from '../colors.scss';
}

// components/Button/Button.js
...
<button className={s.default}>Save</button>
...
```

이것은 다음과 같이 렌더링된다.

```
// CSS
.colors_primary_Fk7 { color: red; }
.colors_secondary_wUo{ color: blue; }
.Button_common_Ctk{ /* 공통 스타일 */ }
.Button_default_twD { }

// HTML
<button class="colors_primary_Fk7
Button_common_CtkButton_default_twD">Save</button>
```

CSS Modules를 사용하면, 팀 구성원이 현재 알고 있는 CSS에 관한 지식을 활용하면서 훨씬 더 편리하고 생산적이 된다.

▌ PostCSS 시작하기

PostCSS는 CSS 파일 처리의 표준으로 자리 잡고 있는 산업계 표준[de facto]이다. 아주 빠른 속도로 대중화되고 있다. 더욱 많은 사람이 PostCSS에서 무엇을 제공하며 그 장점을 어떻게 활용하는지 이해하기 시작했다. CSS Modules도 PostCSS에 의해 구동된다.

다음은 월별 PostCSS 다운로드 그래프다.

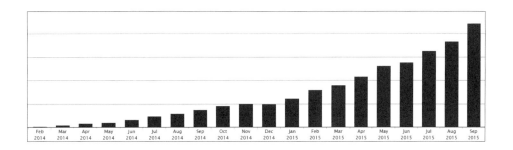

PostCSS를 처음 접해본다고 하더라도, 프로젝트에서 `autoprefixer`를 사용한다면 수많은 PostCSS 플러그인 중 하나를 인지하지 못한 상태에서 이미 사용해본 것이다.

다음은 흥미롭게도 부트스트랩[Bootstrap] CSS를 만든 마크 오토[Mark Otto]가 트위터에 언급한 내용이다.

그렇다면 PostCSS란 무엇인가? 해당 프로젝트의 홈페이지에서 다음과 같이 설명하고 있다.

> PostCSS는 JS 플러그인으로 CSS를 변환해주는 도구다. 이러한 플러그인은 변수와 믹스인[mixin]을 지원하고, 인라인 이미지, 미래의 CSS 구문을 트랜스파일[transpile]하며, 그 밖에도 많은 것을 지원한다.

이 도구는 자바스크립트 모듈이며, CSS를 **추상 구문 트리**[AST, abstract syntax tree]로 변환한다. 해당 AST는 여러 플러그인 함수를 통과하게 된다. 그런 다음 이 AST는 다시 CSS 문자열로 컴파일해 파일로 만들 수 있다.

처리되는 원리는 다음과 같다.

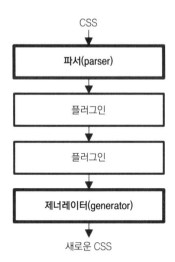

PostCSS가 아직은 Sass와 LESS 같은 트랜스파일러가 아니라는 것을 이해해야 한다. 이는 CSS Modules와 같이 새로운 아이디어를 신속하게 구현하고 특정 브라우저 접두사 삽입, 폴리필^{polyfills}, CSS 코드 검사^{lint}, CSS 구문 확장 등 좀 더 흥미로운 문제를 해결하는 것이 목적이다.

 브라우저를 통해 https://codepen.io에서 직접 PostCSS를 사용해볼 수 있다.

PostCSS는 CSS 자체를 변환하지 않는다. CSS 파일을 통과시켜보면, 아무런 플러그인을 설정하지 않은 경우에도 똑같은 CSS 문자열을 출력해주는 마법이 일어난다.

주목할 만한 PostCSS용 플러그인을 확인해보자. 그중 하나는 `postcss-use`이다. 이는 CSS 파일에서 사용하는 플러그인을 명시할 수 있게 해준다.

예를 들면, 다음과 같다.

```
@use postcss-center;

.root {
    top: center;
}
```

또 다른 파일에서 이 top: center 속성을 사용하려고 할 때, postcss-center 플러그인이 글로벌로 등록되지 않은 경우 PostCSS에서 오류를 던지게 된다.

경험상, 다른 개발자들과 함께 작업하는 보통의 웹 애플리케이션 프로젝트에서는 @use 구문을 사용해 대부분의 플러그인을 등록하고 autoprefixer, postcss-import 같은 글로벌 플러그인은 아주 드물다.

또 다른 흥미로운 플러그인으로는 postcss-autoreset이 있으며, 컴포넌트가 부모 컴포넌트의 특정 스타일을 의도치 않게 상속받지 않도록 자동으로 조건 규칙conditional rule을 리셋해준다. postcss-initial과 결합해 사용할 수 있다.

형태는 다음과 같다.

```
.root {
    all: initial;
    margin: 1em;
}
```

다음 플러그인으로는 postcss-assets가 있다. 다음과 같이 이미지 크기를 얻어온 후 파일을 나열inlining 해준다.

```
.icon {
    background: inline(icon.png);
    width: width(icon.png);
    height: height(icon.png);
}
```

postcss-property-lookup 플러그인은 다음과 같이 속성을 참조할 수 있다.

```
.icon {
    width: 32px;
    Height: @width;
}
```

postcss-contrast 플러그인은 배경 색상 대비[contrast]에 따라서 텍스트의 색상을 변경해 준다.

```
.nav {
    background: #dd3735;
    color: contrast(@background);
}
```

아마 autoprefixer는 이미 알고 있을 것이다. caniuse.com에서 제공되는 값을 사용해 자동으로 CSS에 벤더 프리픽스를 추가해준다.

```
// 전                    // 후
:fullscreen { }        :-webkit-full-screen { }
                       :-moz-full-screen { }
                       :-ms-fullscreen { }
                       :fullscreen { }
```

postcss-font-magitian 플러그인은 @font-face 규칙을 직접 작성하는 것을 잊어버릴 수 있게 해준다. 더불어 현존하는 폰트(예: Google Fonts) 데이터베이스를 많이 갖고 있다. 단순히 코드에서 font-family: Roboto라고 작성하면 이 플러그인에서 적절한 @font-face 룰세트[ruleset]를 추가해준다.

PostCSS용 stylelint 플러그인을 사용하면, 미리 정의된 스타일 가이드를 준수한 CSS 코드임을 보장할 수 있다.

코드에서 CSS 플렉스 박스^{flex box} 레이아웃을 사용한다면, `postcss-flexbugs-fixes` 플러그인의 장점인, 다양한 브라우저와 호환성을 향상해주는 핵^{hacks}(해결책)을 추가할 수 있다. 예를 들면, IE 11에서 발생하는 버그를 처리하기 위해 `flex: 1`을 `flex: 1 1 0%`로 바꿔준다.

마지막으로 소개할 플러그인은 `precss`이다. CSS 코드에서 Sass의 변수와 조건, 그 밖의 장점을 사용할 수 있으므로 프로젝트의 Sass 컴파일러에 대한 종속성을 제거할 수 있다.

여기까지 다양한 플러그인을 한곳에 정리했다. 경험상 자신만의 PostCSS 플러그인 목록을 만들어서 관리하기보다는 보통 누군가가 이미 정리해둔 것을 사용하게 될 것이다.

▌웹팩 로더 시작하기

자바스크립트 모듈에서 리소스 파일을 포함하거나 참조하는 방법에 관한 합의된 코딩 규칙이 아직 없다. 예를 들어 JSON 파일을 자바스크립트 코드에서 참조하는 경우, 보통 다음과 같이 작성한다.

```
import fs from 'fs';
const text = fs.readFileSync(__dirname + './data.json', 'utf8');
const data = JSON.parase(text);
```

여기에는 두 가지 문제가 존재한다. 하나는 `fs` 모듈이 동형이 아니라는 점이다. 즉, 브라우저에서 이 코드가 동작하지 않는다. 또 다른 이슈는 이 코드가 깔끔하지 못하다는 점이다.

다음과 같이 작성하는 것이 바람직하다.

```
import data from './data.json';
```

웹팩에서는 다양한 로더^{loader}를 통해 이러한 문제를 해결해준다. 로더는 Node.js 호환 자바스크립트 함수로, 소스 문자열(또는 객체)을 받아서 원래 로드된 콘텐츠를 조작한 후 자바스크립트 문자열이나 임의의 content 객체를 반환해준다. 부작용도 있다. 예를 들어, 디스크에 있는 파일을 조작하는 경우다. 로더들은 연결이 가능하며, 마지막 로더는 자바스크립트 문자열을 반환해야 한다.

다음은 JSON 파일을 참조(로드)하는 기본적인 loader 함수의 구조를 보여준다.

```
function(source) {
    var data = JSON.parse(source);
    return 'module.exports = ' + JSON.stringify(data) + ';';
}
```

이제 이 loader 함수를 웹팩 설정 파일에 등록하면, .json 파일을 코드에서 보통의 자바스크립트처럼 참조할 수 있게 된다.

가장 좋은 점은 대부분의 경우에 커스텀 로더를 만들 필요가 없고, 대신 https://www.npmjs.com에 이미 나와 있는 아주 많은 로더 중에서 고르기만 하면 된다는 것이다.

이전 장의 tools/webpack.config.js(웹팩 설정) 파일을 열어보면, 다음과 같은 모양의 로더가 이미 거기에 포함되어 있는 모습을 볼 수 있을 것이다.

```
{
    module: {
        rules: [
            test: /\.js$/,
            include: [... ],
            loader: 'babel-loader'
        ]
    }
}
```

이 코드는 웹팩에게 참조한(필요한) 파일을 모두 확인하도록 지시하고, 만약 그중 어떤 파일이 .js로 끝나고 특정 폴더(include와 loader 속성 참조) 내에 위치한다면, 웹팩에서는 그 파일의 내용을 babel-loader npm 모듈로 전달한다. 이 모듈에서는 앞서 본 것과 유사한 함수를 내보낸다.

로더는 다음과 같이 쿼리 문자열^{query string}이나 query 속성 형태의 파라미터를 받을 수 있다.

```
{
    test: /\.js$/,
    loader: 'babel-loader?presets[]=es2015&presets[]=react'
}
```

또는

```
{
    test: /\.js$/,
    loader: 'babel-loader',
    query: { presets: ['es2015', 'react'] }
}
```

동일한 파일 유형에 하나 이상의 로더가 필요한 경우가 종종 있다. 예를 들면 웹팩에게 지시해, 참조하는 모든 .md 파일을 markdown-loader에서 먼저 처리하게 하고 다음으로 html-loader에서 처리되게 할 수 있다. 이 처리 순서에서 마지막 로더(html-loader)는 마크다운 텍스트 문자열을 HTML로 변환해주고, 시작 로더(markdown-loader)는 HTML 문자열을 자바스크립트 코드로 변환해주며, 동시에 참조하는 로컬 리소스 파일을 require(...) 구문으로 바꿔준다. 이 방법으로 마크다운 파일을 애플리케이션 번들에 쉽게 포함시킬 수 있다(런타임에 에이잭스^{Ajax}로 이러한 파일을 요청하는 대신).

웹팩 설정에 지정된 로더의 순서가 중요하다. 다음은 마크다운 파일에 대한 설정이다.

```
{
    test: /\.md$/,
    include: [path.join(__dirname, '../content')],
    loader: 'html-loader!markdown-loader'
}
```

또는

```
{
    test: /\.md$/,
    include: [path.join(__dirname, '../content')],
    loaders: ['html-loader', 'markdown-loader']
}
```

 로더의 짧은 이름(shorthand name)을 참조할 수도 있다. 이 예제에서는 'html!markdown'
을 loaders: ['html', 'markdown']과 같이 사용할 수 있다. '로더명 표기법'과 '우선 검색 순서'
는 웹팩 설정 API의 resolveLoader.moduleTemplates에 의해 정의된다.

이제 다음과 같은 내용의 마크다운 파일(content/hello.md)을 만든다.

```
# 마크다운에 오신 것을 환영합니다!
[hello](./hello.png)
```

그리고 다음과 같이 자바스크립트 소스 코드에서 참조한다.

```
import html from './content/hello.md';
```

또는

```
const html = require('./content/hello.md');
```

웹팩에서는 코드의 나머지 부분을 번들링하기 전에, 해당 코드 라인을 다음과 같이 변경한다.

```
const html = '<h2>Welcome to Markdown!</h2><p><imgsrc="' +
require('./content/hello.png') + '" alt="hello" /></p>';
```

이 예제 코드를 동작시키기 위해 .png 파일용 file-loader도 등록해야 한다. file-loader는 require('./content/hello.png')를 정확한 URL 문자열로 변환하고 번들링하는 과정에서 hello.png 파일을 build 폴더로 복사한다.

로더에 대해 더 자세히 알고 싶다면 다음을 방문해보자.
- https://webpack.js.org/concepts/loaders/

지금까지 언급한 각 로더에 대한 문서는 다음을 확인한다.
- https://github.com/babel/babel-loader
- https://github.com/webpack-contrib/json-loader
- https://github.com/peerigon/markdown-loader
- https://github.com/webpack-contrib/html-loader
- https://github.com/webpack-contrib/file-loader

▌ 이미지와 CSS용 웹팩 설정하기

CSS 모듈화를 통해 여러 리액트 컴포넌트 폴더에 모든 CSS와 이미지, 그리고 그 밖의 리소스 파일이 분할되는 문제를 해결할 수 있다. 모듈 번들러로 애플리케이션 번들(예제에서는 build/public/client.js)을 만들 때, 앱에 사용된 모든 CSS 파일과 이미지, 그 밖의 자산은 분할되어 컴파일 과정에서 애플리케이션 번들에 포함되거나 해당 출력물(build/public) 폴더로 복사된다.

이러한 문제를 해결하기 위해 다음 npm 모듈을 설치한다.

- `postcss`: CSS 파일 전처리기
- `postcss-import`: 코드에서 다른 CSS 파일을 참조할 수 있게 해주는 PostCSS 플러그인(예: `@import '../variables.scss'`)
- `postcss-loader`: 웹팩용 PostCSS 로더
- `precss`: CSS 파일에서 Sass 문법을 사용할 수 있게 해주는 PostCSS 플러그인
- `autoprefixer`: 특정 벤더의 CSS 규칙을 추가해주는 PostCSS 플러그인
- `css-loader`: CSS를 구문분석해 CSS 모듈을 만들어주는 웹팩 로더
- `style-loader`: 런타임에 CSS를 DOM에 삽입해주는 웹팩 로더
- `file-loader`: 임의의 파일(이미지 파일 등)을 자바스크립트 코드에서 참조할 수 있게 해주고 출력 폴더로 복사해주는 웹팩 로더
- `url-loader`: 번들에 파일을 base64 문자열로 포함시켜주는 웹팩 로더

필요한 종속성을 설치하기 위해 다음 명령어를 실행한다.

```
npm install postcss postcss-import postcss-loader precss --save-dev
npm install autoprefixer --save-dev
npm install css-loader style-loader file-loader url-loader --save-dev
```

이제 2장 '리액트 웹 UI 만들기'의 프로젝트를 열고 웹팩에서 CSS 파일과 이미지를 처리하는 명령어를 추가하기 위해 tools/webpack.config.js 파일을 편집한다.

다음과 같이 .scss와 이미지 파일용 로더를 추가하고 PostCSS 로더를 설정한다.

```
const common = {
    /* 이 외의 설정은 단순함을 위해 생략한다. */,
    module: {
        loaders: [
            /* 이 외의 웹팩 로더는 단순함을 위해 생략한다. */,
```

```
        {
            test: /\.(png|jpg|jpeg|gif|svg|woff|woff2)$/,
            loader: 'url-loader?limit=10000'
        },
        {
            test: /\.(eot|ttf|wav|mp3)$/,
            loader: 'file-loader'
        },
        {
            test: /\.scss$/,
            include: [
                path.join(__dirname, '../components')
            ],
            loader: 'style-loader!css-loader?modules&' +
                'localIdentName=[name]_[local]_[hash:base64:3]!' +
                'postcss-loader'
        }
    ]
},
postcss: function plugins(bundler) {
    return [
        require('postcss-import')({ addDependencyTo: bundler }),
        require('precss')(),
        require('autoprefixer')(),
    ];
}
};
```

보다시피, url-loader는 애플리케이션 번들에 작은 이미지(10KB 이하)를 삽입하기 위해 사용되고 폰트(woff와 woff2)가 공통으로 사용된다. 그 밖의 이미지와 폰트, 오디오 파일은 file-loader에서 처리된다.

PostCSS 로더용 설정은 PostCSS 플러그인 목록인 postcss 속성을 통해 제공된다. 이 플러그인의 순서는 중요하다. 이전 설정을 사용하면 .scss 파일은 postcss-import 플러그인에서 먼저 처리되고 precss 플러그인을 거친 다음 마지막으로 기본값으로 설정된 autoprefixer 플러그인에서 처리가 완료된다.

한 가지 주의사항은 style-loader는 클라이언트 측 번들 설정에만 사용해야 한다는 것이다. CSS를 서버의 DOM에 삽입하는 것은 의미가 없기 때문이다. Node.js 앱은 서버측 렌더링 과정에서, style-loader에 의해 처리된 CSS가 포함된 코드를 실행하려 한다면 예외를 발생시킨다. 또 다른 한 가지는 서버 측 번들 구성을 위해 css-loader/locals를 사용해야 한다는 것이다.

 css-loader 문서 페이지는 https://github.com/webpack-contrib/css-loader에서 확인할 수 있다.

style-loader를 서버 측 번들 구성에서 제거하고 css-loader를 css-loader/locals로 대체하기 위해서는 tools/webpack.config.js 파일의 export default [client, server] 앞에 다음 코드를 추가한다.

```
server.module.loaders
    .filter(x => x.loader.startsWith('style-loader!css-loader'))
    .forEach(x => {
        x.loader = 'css-loader/locals' + x.loader.substr(23)
    });
```

이제 모든 것이 기대한 대로 동작하도록 다음 내용으로 components/Layout/Layout.scss 파일을 만들어보자.

```
.root {
    color: red;
}
```

다음과 같이 components/Layout/Layout.js 파일에서 이 CSS 파일을 참조한다.

```
import React from 'react';
import s from './Layout.scss';
import Header from '../Header';
import PropTypes from 'prop-types';
function Layout(/* ... */) {
    return (
        <div className={s.root}>
            {* ... *}
        </div>
    );
}

Layout.propTypes = {/* ... */ };

export default Layout;
```

 예제를 단순하게 하기 위해 코드를 어느 정도 생략했다. 이 Layout 컴포넌트의 전체 코드는 온라인으로 제공되는 예제 소스 코드에서 확인할 수 있다. chapter-03/components/Layout 폴더를 살펴보기 바란다.

자바스크립트 문법 검사 도구 ESLint는 변수명 s가 너무 짧다고 판단해 검출한다. 이러한 변수명을 예외 처리하려면, ESLint 구성 파일(.eslintrc)에 다음 규칙을 추가한다.

```
"id-length": [2, { "exceptions": ["x", "s"] }]
```

components/Html/Html.js 파일에 있는 <script src="client.js" async /> 태그에서 async 속성도 제거해보자. 페이지가 처음 로드될 때 발생하는 FOUC[flash of the unstyled content](외부 CSS가 로드되기 전에 잠시 스타일이 적용되지 않은 웹 페이지가 나타나는 현상)를 없애준다. 서버 측 렌더링을 위한 리액트 애플리케이션에서 CSS를 추출하는 방법을 익힌 후에 이후의 장에서 다시 다룬다.

이제, 프로젝트를 빌드(npm run build나 npm run serve를 실행)하면, 웹팩에서는 Layout. scss 파일의 내용을 로드한 후 먼저 postcss-loader에서 처리하고 다음으로 css-loader 를 거쳐서 그 결과로 만들어진 CSS 문자열을 클라이언트 측 번들(build/public/client.js)에 삽입한다. 브라우저에서 해당 사이트를 열어보면, style-loader에 의해 클라이언트 측 번들에 삽입된 코드에서는 런타임에 Layout 컴포넌트에서 참조하고 있는 CSS 스타일을 DOM에 주입하게 된다.

이 시점에 홈페이지의 소스 코드를 확인해본다면 다음과 유사한 모양일 것이다.

```
<html>
<head>
<meta charset="utf-8">
<meta http-equiv="x-ua-compatible" content="ie=edge">
<title>My Application</title>
<meta name="description" content="...">
<meta name="viewport" content="...">
<script src="client.js"></script>
<style type="text/css">
.Layout_root_1rN {
color: red;
}
</style>
</head>
<body>
<div id="app">
<div class="Layout_root_1rN" data-reactid="..." data-react-checksum="...">
<!-- ... -->
</div>
</div>
</body>
</html>
```

CSS에서 참조하고 있는 이미지를 웹팩에서 어떻게 처리하는지 살펴보자. 어떤 이미지 파일을 components/Layout 폴더로 복사하고, 다음과 같이 Layout.scss 파일에서 이를 참조한다.

```
.root {
    background: url(./bg.jpg) center / cover;
}
```

이제 프로젝트를 빌드하면 웹팩에서 출력 폴더에 파일을 하나 더 생성하는 것을 볼 수 있다. 예를 들면 다음과 같다.

build/public/f17853017415f4def9d23508feff521a.jpg

이것은 file-loader에 의해 만들어진다. 기본적으로 생성되는 이미지 파일은 MD5 해시로 만들어 출력물 폴더에 새 이름으로 저장되고 CSS에 해당 파일의 URL 문자열이 갱신된다. 최종 CSS(bg.jpg 이미지는 10KB보다 크다고 가정한다) 코드는 다음과 같다.

```
.root {
    background: url(/f17853017415f4def9d23508feff521a.jpg) center / cover;
}
```

참조한 이미지가 10KB보다 더 작다면 즉시 base64 문자열로 CSS 코드에 포함된다. 이는 url-loader에 의해 처리된다.

추측할 수 있듯이, file-loader에서 생성된 이 파일명은 name 쿼리 파라미터로 쉽게 사용자 정의할 수 있다. 예를 들어, webpack.config.js의 로더 설정을 다음과 같이 변경해 file-loader에서 복사된 파일의 원래 이름을 사용하게 할 수 있다.

```
{
    test: /\.(png|jpg|jpeg|gif|svg|woff|woff2)$/,
        loader: 'url-loader?limit=10000&name=[path][name].[ext]'
```

```
},
{
    test: /\.(eot|ttf|wav|mp3)$/,
        loader: 'file-loader&name=[path][name].[ext]'
}
```

file-loader와 url-loader 설정에 대해 더 알고 싶다면 다음을 방문해보자.

- https://github.com/webpack-contrib/file-loader
- https://github.com/webpack-contrib/url-loader

▌여러 CSS 파일에서 공통 설정 공유하기

앞서 언급한 precss 플러그인에서는 CSS 코드에 Sass 변수와 믹스인[mixin]을 사용할 수 있게 해준다. 이것이 멋지게 들리겠지만, 실제로는 리액트 컴포넌트의 구성을 더 좋게 하기 위해 변수, 특히 믹스인은 최소한으로 사용한다. 이렇게 하면 코드 유지보수가 쉬워진다. 또한 변수를 공유해야 하는 경우에도 적절한 방법이 존재한다. 예를 들어, 앱의 여러 UI 요소에서 사용하는 기본 색상을 포함하는 $color-primary 변수를 사용할 수 있다.

이러한 변수를 사용하기 위해 components/variables.scss 파일을 만들어보자. 다음과 비슷한 모양이 될 것이다.

```
/* 색상 */
$color-primary:   #0275d8;
$color-success:   #5cb85c;
$color-info:      #5bc0de;
$color-warning:   #f0ad4e;
$color-danger:    #d9534f;

/* 그림자 */
```

```
$shadow-2dp:  0 2px 2px 0 rgba(0, 0, 0, .14),
              0 3px 1px -2px rgba(0, 0, 0, .2),
              0 1px 5px 0 rgba(0, 0, 0, .12);

/* 애니메이션 */
$animation-duration -default: .2s;
$animation-curve-default: cubic-bezier(.4, 0, .2, 1);
```

컴포넌트의 CSS에서 이 공유 변수를 사용하는 방법은 다음과 같다.

```
@import '../variables.scss';

.root {
    box-shadow: $shadow-2dp;
    transition-timing-function: $animation-curve-default;
    transition-duration: $animation-duration-default;
}
```

파일 확장자를 .css 대신에 .scss로 사용하면 대부분의 편집기와 IDE에서 코드가 적절하게 하이라이트된다.

 precss 플러그인에 관해 더 알아보고 싶다면 다음을 방문해보자.

• https://github.com/jonathantneal/precss

여기서 코드 예제와 관련된 PostCSS 플러그인 목록을 확인할 수 있다. precss의 대안으로 postcss–cssnext 플러그인도 확인해볼 수 있다.

왜 원래의 Sass 컴파일러를 사용하지 않는지 의문이 생길 수 있다. 그러한 방식은 CSS를 Sass에서 한 번 구문분석하고 PostCSS에서 한 번 더, 즉 구문분석을 두 번 하게 되므로 효율이 떨어진다. 번들러를 워치 모드^{watch mode}로 실행하는 경우 차이가 나며, 소스 파일을 변경할 때마다 브라우저가 페이지(또는 페이지의 일부분)를 아주 빠르게 거의 1초 미만으로 다시 로드하는 것을 기대할 수 있다. 이 기능에 관해서는 4장에서 다룬다.

모든 기능을 가진 Sass 컴파일러를 사용하지 않는 또 다른 이유는 CSS를 단순하게 유지해야 하기 때문이다. 또한 동적인 것이나 계산 등도 추가하지 않는다. 그와 같은 것들은 자바스크립트로 구현하는 편이 훨씬 낫다. CSS를 사용하는 대부분의 경우(변수와 부분적 불러오기^{partial imports} 등)는 PostCSS와 `precss`, `autoprefixer` 같은 플러그인으로 충분히 처리할 수 있다.

▌ 요약

3장에서는 인라인 스타일을 리액트 컴포넌트에 사용하는 방법을 살펴봤다. 이 방법은 동적인 기능을 추가해야 하는 경우에 적절히 사용한다. 앱의 핵심 스타일은 웹팩과 PostCSS로 동작하는 CSS Modules를 사용하는 방식을 선택했다. 이는 명명 규칙 기반의 접근 방식(BEM과 SMACSS 등)보다 더 쉽게 CSS를 모듈화해준다. 이 CSS 모듈이 BEM 기반의 어떤 아이디어, 예를 들면 요소 선택자를 위한 클래스 선택자 사용이나 중첩 선택자 회피 같은 내용을 유지 관리용 CSS 코드에 적용하면서 발생하는 문제를 모두 해결해주지는 않는다는 사실을 기억하기 바란다. 그리고 PostCSS란 무엇이며, 사용할 경우 어떤 이점이 있는지 알아봤다. 프론트엔드 엔지니어 업무를 더 수월하게 해줄 수 있는 주목할 만한 PostCSS용 플러그인을 몇 가지 다뤄봤다. 웹팩 로더 사용법과 CSS를 모듈화하고 유지 관리하기 위한 구성 방법까지 살펴봤다.

04

브라우저싱크와 HMR로 작업하기

프론트엔드 개발은 보통 시행 착오를 많이 겪게 된다. 정말 단순한 웹 개발 과정은 다음과 유사하다.

1. 브라우저에서 웹 앱을 연다.
2. 코드를 몇 줄 작성하거나 수정한다.
3. 브라우저의 새로고침 버튼(또는 F5)을 누른 후 2번 과정으로 돌아간다.

이 같은 방법은 특히 다양한 기기와 여러 브라우저에서 웹 앱을 테스트하려는 경우에 확장성이 떨어진다. 브라우저와 모바일 기기에서 웹 앱이 어떻게 표시되는지 작업 결과를 즉시 확인할 수 있어야 하며, 테스트를 일찍 끝내지 못한다면 나중에 버그를 수정하는 데 더 많은 시간을 쏟아부어야 할 수도 있다.

이번 장에서는 브라우저싱크^{Browsersync}와 웹팩^{Webpack}의 HMR^{Hot Module Replacement}을 구성하고 사용해 개발 워크플로우를 개선하는 방법을 살펴본다.

▌ 브라우저싱크 시작하기

브라우저싱크는 Node.js 기반의 무료 도구로, 웹 애플리케이션 서버와 브라우저 사이에서 중개자 역할을 한다. 웹 페이지의 변경사항을 찾아낸 다음 자동으로 브라우저를 갱신해준다(LiveReload와 유사함). 그 외에도 물리적인 기기를 포함한 다양한 기기에서 동작하며, 스크롤과 클릭 같은 사용자의 인터랙션을 이벤트와 동기화해준다.

예를 들면, 다음과 같이 일반적인 브라우저와 iOS 에뮬레이터를 실행해 데스크톱과 모바일 브라우저 모두에서 웹 앱을 열어볼 수 있다.

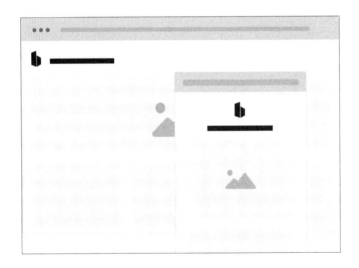

사용자가 데스크톱 브라우저에서 해당 사이트와 인터랙션하는 동안 사용자의 모든 동작은 이 두 가지 브라우저에 모두 반영된다. 데스트톱 브라우저에서 입력 항목을 수정하면, 같은 문자열이 iOS 기기에 표시된다. 이제 온스크린^{on-screen} 키보드는 더 이상 사용하지 않아도 된다.

브라우저싱크에서는 사용자의 동작을 복제할 것인지 여부를 사용자 정의할 수 있다. 구성 파일이나 브라우저싱크에서 제공되는 그럴싸한 UI를 통해 상세 설정을 할 수 있다.

다음은 브라우저싱크 관리자 화면이다.

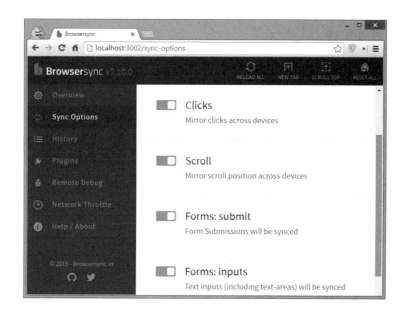

모든 기기에서 사이트를 탐색하면 브라우저싱크에 의해 방문한 경로가 기록된다. 이 목록에서 방문한 URL을 클릭하면 한 번에 모든 기기로 전송할 수 있다.

브라우저싱크의 또 다른 흥미로운 특징은 크롬 개발자 도구[Chrome Developer Tools]의 요소 검사 모드와 어느 정도 비슷하지만 브라우저 탭 하나에만 국한되지 않고 연결된 모든 기기에서 원격 디버깅을 할 수 있다는 점이다. 크롬 개발자 도구처럼 브라우저싱크에서도 연결된 모든 기기에서 페이지에 있는 HTML 요소의 외곽선을 표시하고, 요소나 CSS 그리드를 음영으로 덮어준다. 이는 HTML이나 CSS에 있는 요소의 정렬을 디버깅하고 모든 레이아웃 버그를 수정할 때 많은 도움을 준다.

만약 느린 인터넷 환경에서 웹 앱을 테스트해야 한다면, 브라우저싱크 설정에 있는 네트워크 대역폭 제한[network throttling]을 활성화해 효과를 볼 수 있다. 여타 옵션에 비해 간단하며, 특히 여러 종류의 실제 기기(아이폰/아이패드, 안드로이드, 윈도우 폰 등)에서 앱을 테스트해야 하는 경우에 그렇다.

설치 방법

npm 종속성을 로컬로 하여 브라우저싱크를 프로젝트에 설치하는 것이 좋다(바벨^{Babel}이나 웹팩을 설치하는 방법과 유사하다). 이렇게 하면 팀 내의 다른 개발자가 이 도구를 사용하기가 좀 더 쉬워지며, 모든 팀 구성원이 최신 버전을 사용하게 할 수 있다.

터미널 창을 열고 다음 명령어를 실행한다.

```
npm install browser-sync --save-dev
```

맥 OS에서 브라우저싱크를 설치할 때 문제가 발생한다면, 대부분 npm 권한 문제다. 이 문제의 해결 방법에 관한 문서는 https://docs.npmjs.com/getting-started/fixing-npm-permissions에서 확인한다.

윈도우에서 설치 시 발생하는 문제는 node-gyp와 비주얼 C++ 런타임 라이브러리 같은 종속성과 관련이 있다. 이러한 문제의 해결 방법에 관한 더 자세한 정보는 node-gyp 프로젝트 홈페이지(https://github.com/nodejs/node-gyp)에서 확인할 수 있다.

이제 브라우저싱크를 실행하는 스크립트의 생김새를 살펴보자. 명령줄에서 직접 실행할 수도 있지만, 결국 전달하려는 몇 개의 파라미터보다 더 많은 것을 알아야 하므로 별도의 파일로 만드는 게 더 편하다. 예제에서 브라우저싱크는 Node.js나 익스프레스^{Express} 앱(server.js)의 프록시^{proxy}로 동작한다.

가장 단순한 형태로, 브라우저싱크는 다음 자바스크립트 API를 통해 동작시킬 수 있다.

```
const bs = require('browser-sync').create();
bs.init({ proxy: 'localhost:3000' });
```

여기서는 HTTP 서버가 로컬에서 3000번 포트로 동작하고 있다고 가정한다. 이 스크립트를 실행하면 콘솔에 다음과 유사한 내용이 출력된다.

```
[Browsersync] Proxying: http://localhost:3000
[Browsersync] Access URLs:
 --------------------------------------
       Local: http://localhost:3000
    External: http://169.254.80.80:3000
 --------------------------------------
          UI: http://localhost:3001
 UI External: http://169.254.80.80:3001
 --------------------------------------
```

기본 설정을 통해 브라우저 창이 열리며, 예제의 경우는 http://localhost:3000을 바라보는 창이 열린다(기본 포트 3000에서 시작해 가장 가까운 사용 가능한 IP 포트를 사용함). 브라우저에서 앱을 디버깅할 때 사용하는 URL이다. http://localhost:3001에서는 브라우저싱크 제어 화면이 제공되며, 원격 디버거 같은 기능의 활성화 여부를 구성할 수 있다. 나머지 URL 1개는 외부 네트워크에서 앱에 접근해야 할 경우에 사용한다. 아주 괜찮지 않은가?

약 40개의 구성 옵션이 존재하며, 필요에 따라 브라우저싱크를 사용자 정의할 수 있다. 예를 들어, 브라우저싱크가 시작될 때 새로운 브라우저 창이 열리지 않게 하려면 다음과 같이 open 옵션을 추가한다.

```
const bs = require('browser-sync').create();
bs.init({ proxy: 'localhost:3000', open: false });
```

자신의 로컬 개발 환경에 있는 웹 앱을 간단하게 인터넷 사용자와 공유하려면 다음과 같이 tunnel 옵션을 추가한다.

```
const bs = require('browser-sync').create();
bs.init({ proxy: 'localhost:3000', tunnel: 'my-app' });
```

이러한 방법으로 웹 앱을 http://my-app.localtunnel.me에서 사용할 수 있다.

 브라우저싱크 옵션의 전체 목록은 https://browsersync.io/docs/options/에서 확인하기
바란다.

다음과 같이 브라우저싱크 서버에 익스프레스^{Express} 같은 미들웨어(요청을 처리하는 로직 전
에 요청이 통과하는 필터)를 추가할 수도 있다.

```
const bs = require('browser-sync').create();
bs.init({
    proxy: {
        target: 'localhost:3000',
        middleware: (req, res, next) => {
            console.log(req.url);
            next();
        }
    }
});
```

이와 같은 방법으로, webpack-dev-middleware와 webpack-hot-middleware를 추가해 디
버깅 환경을 개선할 수 있다. webpack-dev-middleware는 web 플랫폼용 웹팩 컴파일러를
사용한다. 인메모리 파일 스트림^{in-memory file stream}을 사용하기 위해 컴파일러의
outputFileSystem 옵션을 조정하고, 컴파일러를 워치 모드로 시작한 다음, 들어오는
HTTP 요청을 리스닝한다. 요청된 URL이 컴파일러에서 생성한 메모리 내 특정 번들과
일치하는 경우 해당 번들을 클라이언트로 내보내고, 그렇지 않으면 아무것도 하지 않고
Node.js 서버(예제의 경우는 브라우저싱크)에서 해당 요청을 처리하도록 둔다.

다음은 webpack-dev-middleware를 간략하게 표현했으며, 내부적으로 어떻게 동작하는지 쉽게 파악할 수 있다.

```javascript
import MemoryFileStream from 'memory-fs';

export default function(compiler, options) {
    const fs = compiler.outputFileStream = new MemoryFileStream();

    // 워치 모드로 컴파일러 시작
    compiler.watch(...);

    // Express.js 또는 호환되는 미들웨어 기능 연결
    return async (req, res, next) => {
        // 컴파일이 진행 중이면 완료될 때까지 대기
        // ...
        const filename = getFileNameFromUrl(req.url);
        const stat = await fs.stat(filename);
        if (!stat.isFile()) {
            return next();
        }
        const content = await fs.readFile(filename);
        // HTTP 헤더 설정
        // ...
        res.end(content);
    };
}
```

사용법은 다음과 같다.

```javascript
import webpack from 'webpack';
import webpackDevMiddleware from 'webpack-dev-middleware';
import webpackConfig from './webpack.config';

const bundler = webpack(webpackConfig);
const middleware = webpackDevMiddleware(bundler, {/* 옵션 */});
```

사용할 수 있는 전체 옵션은 다음 경로에서 webpack-dev-middleware 문서를 참조한다.

https://github.com/webpack/webpack-dev-middleware

webpack-hot-middleware와 몇 가지 웹팩 구성 설정을 통해, 실행 중인 자바스크립트 애플리케이션에 업데이트된 CommonJS 모듈을 자동으로 삽입하는 HMR^{Hot Module Replacement} 기능을 활성화한다. 궁극적으로 앱의 소스 코드를 수정하는 경우, 전체 페이지를 새로 고치지 않아도 브라우저 창에서 UI의 변경사항을 즉시 확인할 수 있게 된다. HMR에 관해서는 이 장에서 나중에 좀 더 살펴본다.

아쉽게도 현재 버전의 webpack-dev-middleware는 Web과 Node.js 플랫폼 대상 번들 모두 다중 번들^{multi-bundle} 웹팩 컴파일러에서 잘 동작하지 않는다. 이 문제를 해결하는 한 가지 방법은 깃허브에 webpack/webpack-dev-middleware 저장소를 복제^{fork}하고 복제된 저장소의 미들웨어를 패치한 후 이 미들웨어를 설치하는 것이다.

다음 명령어를 실행하면 이미 패치된 버전의 모듈을 설치할 수 있다.

```
npm install koistya/Webpack-dev-middleware --save-dev
```

이 명령은 다음 경로의 저장소에 있는 webpack-dev-middleware 모듈을 설치한다.

https://github.com/koistya/webpack-dev-middleware

이러한 방식으로 라이브러리를 패치하는 것이 극단적으로 보일 수 있지만, 안타깝게도 npm에 존재하는 모든 모듈이 진정한 동형은 아니다. 때로는 이와 비슷한 대안을 생각해내야 한다. 이 부분은 나중에 다시 다룬다.

HMR을 활성화하기 위해 두 번째 미들웨어를 다음과 같이 설치해보자.

```
npm install webpack-hot-middleware --save-dev
```

이제 앱을 위한 HMR 설정 준비가 됐다. Node.js 서버 실행 코드를 별도의 tools/runServer.js 파일에 다음과 같이 작성한다.

```javascript
import path from 'path';

import cp from 'child_process';

// server.js에서 사용하는 텍스트 문자열 매치
const RUNNING_REGEXP = /Server is listening at http:\/\/(.*?)\//;

let server;
const webpackConfig = require('./webpack.config');
const { output } = webpackConfig.find(x => x.target === 'node');
const serverPath = path.join(output.path, output.filename);

function runServer(cb) {

    function onStdOut(data) {
        const match = data.toString('utf8').match(RUNNING_REGEXP);
        process.stdout.write(data);

        if (match) {
            server.stdout.removeListener('data', onStdOut);
            server.stdout.on('data', data => {
                process.stdout.write(data));
        }
        if (cb) {
            cb(null, match[1]); // 예: cb(null, 'localhost:3000')
        }
    }
}

if (server) {
    server.kill('SIGTERM');
}
server = cp.spawn('node', [serverPath], {
    env: Object.assign({ NODE_ENV: 'development' }, process.env),
    silent: false
});
```

```
server.stdout.on('data', onStdOut);
server.stderr.on('data', data => process.stderr.write(data));
}

export default runServer;
```

이 헬퍼[helper] 함수는 Node.js 서버(server.js)를 자식 프로세스로 실행하고, 서버가 준비되면 호출자[caller]에게 알려준다.

이제 웹팩의 OccurenceOrderPlugin을 포함시키기 위해 tools/webpack.config.js 구성 파일의 common 부분을 다음과 같이 수정한다.

```
const common = {
    ...
    plugins: [
    new webpack.optimize.OccurenceOrderPlugin(true)[1]
    ]
    ...
};
```

이렇게 하면 컴파일된 번들의 소스 코드를 확인해야 하는 경우 디버깅에 도움이 된다.

다음으로 HMR과 Node.js 서버, 브라우저싱크로 웹팩을 실행할 tools/start.js 스크립트를 만든다. 이 스크립트의 기본 골격은 다음과 같다.

```
async function start() {
    await run(require('./clean'));
    await new Promise(resolve => {
        const bundler = webpack(webpackConfig);
        const middleware = [/* HMR 미들웨어 등 */];
        bundler.compilers
```

---

1   webpack 버전에 따라 오류 발생 시 다음 코드로 변경한다.
    new (webpack.optimize.OccurenceOrderPlugin || webpack.optimize.OccurrenceOrderPlugin)(true)
    – 옮긴이

```
        .find(x => x.options.target === 'node')
        .plugin('done', () => {
            runServer((err, host) => {
                cont bs = require('browser-sync').create();
                bs.init({
                    proxy: { target: host, middleware }
                }, resolve);
            });
        });
    };
}
```

이 코드에서는 tools/clean.js를 먼저 실행하며, 빌드 출력물 폴더(./build)를 비우게 된다. 다음으로 webpack-dev-middleware 미들웨어를 초기화하고, 즉시 웹팩 컴파일러를 워치 모드로 실행한다. 그리고 서버 측 번들 완료 이벤트(compiler.plugin('done', ...))를 구독[subscribe]한다. 이 이벤트에서는 먼저 자식 프로세스로 Node.js 서버를 시작하고, 이 서버에서 새로운 HTTP 요청을 받을 준비가 된 이후에 브라우저싱크를 최상위 프록시로 실행한다.

한 가지 더 중요한 사항은 HotModuleReplacementPlugin과 NoEmitOnErrorsPlugin, webpack-hot-middleware/client 모듈들을 추가해 클라이언트 측 번들용 웹팩 구성을 수정하는 것이다. 또한 webpack-hot-middleware는 컴파일러에 web(또는 undefined) 대상 모드[target mode]로만 적용된다는 점도 주의한다.

완성된 tools/start.js 스크립트는 다음과 같다.

```
import path from 'path';
import webpack from 'webpack';
import webpackDevMiddleware from 'webpack-dev-middleware';
import webpackHotMiddleware from 'webpack-hot-middleware';
import { static as staticMiddleware } from 'express';
import run from './run';
import runServer from './runServer';
import webpackConfig from './webpack.config';
```

```
async function start() {
    await run(require('./clean'));
    await new Promise(resolve => {
        webpackConfig.filter(x => x.target !== 'node').forEach(x => {
            x.entry = [x.entry, 'webpack-hot-middleware/client'];
            x.plugins.push(new webpack.HotModuleReplacementPlugin());
            x.plugins.push(new webpack.NoEmitOnErrorsPlugin());
        });

        const bundler = webpack(webpackConfig);
        const middleware = [
            staticMiddleware(path.join(__dirname, '../public')),
            webpackDevMiddleware(bundler, {
                stats: webpackConfig[0].stats
            }),
            ...(bundler.compilers
                .filter(compiler => compiler.options.target !== 'node')
                .map(compiler => webpackHotMiddleware(compiler)))
        ];
        let handleServerBundleComplete = () => {
            runServer((err, host) => {
                if (!err) {
                    const bs = require('browser-sync').create();
                    bs.init({
                        proxy: { target: host, middleware }
                    }, resolve);
                    handleServerBundleComplete = () => runServer();
                }
            });
        };

        bundler.compilers
            .find(x => x.options.target === 'node')
            .plugin('done', () => handleServerBundleComplete());
    });
}

export default start;
```

이제 package.json/scripts에 추가하면, npm start 명령어를 통해 이 스크립트를 실행할 수 있다. 다음은 수정된 package.json 파일이다.

```
{
    ...
    "devDependencies": {
    ...
        "browser-sync": "^2.10.0",
        "webpack-dev-middleware": "koistya/Webpack-dev-middleware",
        "Webpack-hot-middleware": "^2.5.1"
    },
    "scripts": {
    ...
        "start": "babel-node tools/run start"
    }
}
```

모두 예상한 대로 동작하는지 확인하기 위해, 콘솔 창에서 npm start를 실행해보면 다음과 비슷한 내용이 출력된다.

```
[02:56:37] Starting 'start'...
[02:56:37] Starting 'clean'...
[02:56:37] Finished 'clean' after 275 ms
webpack built cc73cac49e83ce7175d7 in 3016ms
Hash: cc73cac49e83ce7175d7f8702ccb07d80b742bc2
Version: webpack 1.12.9
Child
    Hash: cc73cac49e83ce7175d7
    Version: webpack 1.12.9
    Time: 3016ms
        Asset    Size  Chunks          Chunk Names
    client.js  882 kB       0 [emitted]  main
Child
    Hash: f8702ccb07d80b742bc2
    Version: webpack 1.12.9
    Time: 2504ms
        Asset    Size  Chunks          Chunk Names
    server.js  16.1 kB      0 [emitted]  main
```

```
webpack: bundle is now VALID.
[02:56:42] Node.js server is listening at http://localhost:3000/
[Browsersync] Proxying: http://localhost:3000
[Browsersync] Access URLs:
 --------------------------------------
       Local: http://localhost:3001
    External: http://169.254.80.80:3001
 --------------------------------------
          UI: http://localhost:3002
 UI External: http://169.254.80.80:3002
 --------------------------------------
[02:56:44] Finished 'start' after 7263 ms
```

그 밖에도 브라우저의 콘솔에서 다음 내용을 확인할 수 있다.

[HMR] Connected

이는 모든 것이 예상대로 동작함을 의미하므로, 다음으로 넘어간다. 만약 콘솔 창의 출력이 이 내용과 다르다면 chapter-04 폴더에 있는 소스 코드와 자신의 프로젝트에 있는 내용을 비교 점검해본다.

▌ HMR 시작하기

HMR^{Hot Module Replacement}은 옵트인^{opt-in} 기능으로, 새로운 버전의 모듈을 사용할 수 있게 됐을 때 런타임에 코드에서 발생해야 하는 사항을 정확하게 명시해야 한다.

npm start를 실행해 앱을 시작하고 components/Layout/Layout.js 파일을 편집해보면, 브라우저의 콘솔 창에서 다음과 같은 내용을 확인할 수 있다.

```
[HMR] bundle rebuilding
[HMR] bundle rebuilt in 445ms
```

```
[HMR] Checking for updates on the server...
[HMR] The following modules couldn't be hot updated:
    (Full reload needed)
[HMR]  - ./components/Layout/Layout.js
```

이는 예상된 동작이며, 이 시점에는 코드에서 새로운 ./components/Layout/Layout.js 모듈로 무슨 동작을 해야 하는지 HMR로 명령을 전달하지 않았기 때문이다. 이 모듈이 활성 런타임$^{active runtime}$에 로드되면, HMR에서는 먼저 이 모듈에 `module.hot.accept(...)` 메소드 호출이 포함되어 있는지 확인한 후 포함되어 있다면 메소드를 실행한다. 만약 해당 메소드가 포함되어 있지 않다면 HMR은 Layout.js 모듈부터 최상위 컴포넌트까지 종속성 트리를 탐색하게 된다. 만약 이 종속성 트리의 부모 컴포넌트 중 하나가 런타임에 새롭게 전달받은 모듈을 포함시킬 수 있다면 HMR 동작은 성공적으로 완료된다. 그렇지 않고 포함시킬 수 없는 경우라면, HMR에서 런타임에 해당 모듈을 다시 로드할 수 없다는 보고를 하게 되고 전체 애플리케이션이 다시 로드된다.

다음으로 넘어가기 전에, 아래의 웹팩 문서 경로에서 HMR 공식 문서를 확인한다.

　　　https://webpack.github.io/docs/hot-module-replacement.html

이제 어떻게 동작하는지 확인해보자. 예를 들면, 다음 내용으로 components/Layout/test.js 새 파일을 만든다.

```
if (typeof document !== 'undefined') {
    setTimeout(() => {
        document.body.style.backgroundColor = 'red';
    }, 2000);
}
```

그리고 다음과 같이 components/Layout/Layout.js 파일에서 참조한다.

```
import './test';
```

이제 브라우저에서 페이지를 로드하면 배경 색상이 몇 초 안에 붉은색으로 바뀐다. test. js 파일에서 red를 blue로 변경하기 위해 수정하면, 브라우저 콘솔에서 다음과 같은 경고 메시지를 받게 된다.

```
[HMR] The following modules couldn't be hot updated:
[HMR]  - ./components/Layout/test.js
```

이 문제를 해결하기 위해서는 다음 코드를 HMR 명명 규칙에 맞추어 test.js 파일의 마지막 부분에 추가하면 된다.

```
if (typeof document !== 'undefined') {
    setTimeout(() => {
        document.body.style.backgroundColor = 'red';
    }, 3000);
}

if (module.hot) {
    module.hot.accept();
}
```

이 코드는 새로운 모듈이 사용 가능해질 때 HMR에게 현재 모듈(test.js)이 새로운 모듈로 안전하게 교체될 수 있다는 사실을 즉시 알려준다. 이 if (module.hot) { ... } 래퍼 구문을 사용해야 한다. 예를 들어, module.hot(HMR API)은 앱을 상용 환경용으로 빌드하는 경우 런타임에 사용할 수 없기 때문이다.

이제 앱을 다시 로드하고 red를 blue로 바꾸기 위해 test.js 파일을 수정하면, 웹 페이지의 배경이 어떻게 붉은색에서 파란색으로 변경되는지 확인할 수 있다.

이 모듈에서 아무것도 내보내지 않는다면, 부모 컴포넌트로부터 아무런 통지를 받지 못하므로 HMR에게 모듈을 교체하라고 명령하는 module.hot.accept()는 호출되지 않는다.

이 모듈의 부작용이 존재할까? 대답은 '그렇다'이다. setTimeout(...) 함수를 호출하면 해당 모듈을 새로운 모듈로 교체하기 이전에 제거해야 하는 부작용이 있다. 그렇기 하기 위해서는 다음과 같이 module.hot.dispose(...) API 메소드를 사용한다.

```
let timeout;

if (typeof document !== 'undefined') {
    timeout = setTimeout(() => {
        document.body.style.backgroundColor = 'red';
    }, 3000);
}

if (module.hot) {
    module.hot.accept();
    module.hot.dispose(() => clearTimeout(timeout));
}
```

또는 HMR 명령을 모든 부모 컴포넌트에 둘 수 있다. 어떻게 동작하는지 살펴보자. components/Layout/test.js 파일의 내용을 다음과 같이 변경한다.

```
export default `
    body {
        background-color: 'red';
    }
`;
```

다음으로 components/Layout/Layout.js 파일의 끝에 다음 코드를 포함시킨다.

```
let style;

function insertCss(css) {
    let elem = document.createElement('style');
    elem.textContent = css;
    document.head.appendChild(elem);
    return {
```

```
    remove: () => {
        document.head.removeChild(elem);
    }
  };
}

if (typeof document !== 'undefined') {
    style = insertCss(require('./test'));
}

if (module.hot) {
    module.hot.accept('./test', () => {
        style = injectCss(require('./test'));
    });
    module.hot.dispose(() => {
        style.remove();
    });
}
```

이전 예제와 비슷하게 동작하며, test.js 파일을 수정하면 브라우저 창에서 변경사항을 확인할 수 있다. 하지만 이번에는 HMR이 부모 컴포넌트(Layout.js)에서 처리된다.

▋ 요약

4장에서는 브라우저싱크와 HMR^{Hot Module Replacement}을 설치하고 구성하는 방법과, 개발 용도로 Node.js 앱을 시작하는 방법을 배웠다. 4장에서 설명한 구성은 동형 웹 애플리케이션 개발에 최적화되어 있으며, 개발 워크플로우를 획기적으로 개선해준다. 이제 브라우저와 모바일 기기에서 작업 결과를 즉시 확인할 수 있고 디버깅 시간을 단축할 수 있으므로 UI 요소를 좀 더 빠르게 수정할 수 있게 됐다.

5장에서는 서버에서 웹 애플리케이션을 렌더링하는 것과 관련된 여러 가지 요소를 살펴본다.

05

서버에서 리액트 컴포넌트 렌더링하기

지금까지는 핵심 프로젝트 구조를 설정하고 개발 도구를 구성하는 데 많은 시간을 할애했다. 5장부터는 동형 웹 애플리케이션 개발의 정수, 특히 서버 측 렌더링^{SSR, server-side} ^{rendering}에 대해 더 자세히 알아보겠다. 5장이 마무리될 즈음 아무런 문제 없이 Node.js 앱과 브라우저에서 쉽게 렌더링되는 컴포넌트를 어렵지 않게 작성할 수 있을 것이다.

5장에서 다루는 내용은 다음과 같다.

- 서버 측 렌더링의 핵심 개념
- 문제와 트러블슈팅
- 서버에서 클라이언트로 컴포넌트 상태 전달하기
- 리액트 컨텍스트로 작업하기
- 페이지 타이틀과 메타 태그 설정 방법

- 타사 라이브러리로 작업하기
- 서버 데이터 가져오기

▌서버 측 렌더링의 핵심 개념

1장 '동형 웹 앱 시작하기'에서 살펴봤듯이, 서버 측 렌더링의 핵심 개념은 아주 간단하다. 리액트 라이브러리는 서버 측 렌더링을 위해 다음 두 가지 API만 제공한다.

- `ReactDOMServer.renderToString(ReactElement)`
- `ReactDOMServer.renderToStaticMarkup(ReactElement)`

이 둘은 하나의 리액트 요소를 입력 파라미터로 받은 다음 HTML 문자열을 반환한다. 이 두 가지 메소드는 서버에서 자바스크립트 앱을 위한 HTML 코드를 만들고, 최초 요청 시좀 더 빨리 페이지가 로드되도록 이 마크업을 내려 보내주며, 검색 엔진에서 웹 앱을 크롤링할 수 있도록 SEO(검색 엔진 최적화) 목적으로 사용한다.

대부분의 경우 `renderToString()` 메소드를 사용하게 되며, 이는 HTML 마크업을 생성할 뿐만 아니라 HTML에 메타데이터를 추가할 수 있다(`data-reactid` 속성 형식으로). 브라우저에서 동일 자바스크립트 앱을 로드할 때, 리액트에서는 서버 마크업에 생성된 체크섬이 인메모리 UI 트리(가상 DOM)의 체크섬과 일치하는지 확인하고 그렇다면 해당 HTML을 보존하며 이벤트 핸들러만 붙여줌으로써 생성된 마크업을 클라이언트에서 재사용할 수 있게 만들어준다.

고급 예제로 넘어가기 전에 기본 렌더링의 생김새를 떠올려보자.

다음은 React.js 웹 페이지가 서버에서 어떻게 미리 렌더링되는지 보여준다.

```
import express from 'express';
import React from 'react';
import ReactDOM from 'react-dom/server';
```

```
import Html from './components/Html';
import TestPage from './components/TestPage';

const server = express();

server.get('/', (req, res) => {
    const body = ReactDOM.renderToString(<TestPage />);
    const html = ReactDOM.renderToStaticMarkup(
        <Html title={TestPage.title} body={body} />
    );
    res.send('<!doctype html>\n' + html);
});

server.listen(3000);
```

다음은 브라우저에서 이와 동일한 페이지를 로드하는 클라이언트 측 코드다.

```
import React from 'react';
import ReactDOM from 'react-dom';
import TestPage from './components/TestPage';

ReactDOM.render(<TestPage />, document.getElementById('app'));
```

이 둘의 차이점에 주목하자. 클라이언트 측 코드에서는 react-dom 패키지의 ReactDOM 유틸리티를 참조하고, 서버 측 코드에서는 react-dom/server 패키지의 해당 유틸리티를 참조한다. 후자의 패키지는 극히 일부의 용도를 제외하고는 대부분 서버에서 사용된다. 이는 브라우저 환경에서도 동작하지만 클라이언트 측 코드에서 react-dom/server를 참조하지 않는다면, 이 패키지는 자바스크립트 앱 번들을 작게 유지하기 위해 컴파일된 출력물에 포함되지 않는다.

그 밖의 차이점은 서버에서는 renderToString()에 의해 생성된 마크업을 <html>, <head>, <body> 등의 태그가 추가된 유효한 HTML 문서로 래핑해줘야 한다는 점이다. 이를 위해 Jade나 Handlebars 또는 그 밖의 템플릿 엔진을 사용하지 않고, 리액트와 리액트의 renderToStaticMarkup() 메소드를 사용해 처리할 수 있다(온라인으로 제공되는 예제 소스 코드에서 components/Html을 살펴본다).

서버에서 생성된 마크업은 자바스크립트 앱 번들을 참조하기 위한 <script> 태그가 포함되어 있다. 예제의 <script src="/app.js"></script>는 런타임에 /build/public/app.js에서 로드된다. 여기에는 HTML 요소도 포함되어 있으며, 클라이언트에서 앱이 여기에 마운트된다. 예제에서는 <div id="app">...</div>가 해당된다.

마운트의 의미는 다음과 같다. React.render(ReactComponent, DOMElement, callback) 메소드를 호출하면 리액트에서는 먼저 이 메소드의 첫 번째 인자로 전달받은 UI 컴포넌트에 대한 메모리 내 표상in-memory representation을 만들게 된다. 다음으로 data-reactid와 data-react-checksum 속성을 통해 전달받은 HTML 요소의 자식 요소child element가 있는지 확인하고 체크섬을 검사한 다음, 컨테이너 요소의 내부에서 이 HTML 마크업을 모두 사용하거나, 또는 체크섬이 일치하지 않는다면 가상 DOM과 완벽하게 일치하도록 기존의 DOM 트리를 탐색해 HTML 요소를 추가/수정/제거하게 된다.

다음과 같이 최상위 리액트 컴포넌트를 <body> 요소에 직접 마운트할 수 있다.

```
ReactDOM.render(<TestPage />, document.body)
```

이 방식은 타사third-party 라이브러리와 브라우저 확장이 document.body 요소를 직접 조작해 미묘한 조정subtle reconciliation 문제를 일으키기 때문에, 특정한 경우에는 문제가 되지 않지만 일반적으로 좋지 않은 방법으로 간주된다.

HTML 문서의 <script> 태그 위치는 중요하다. 가끔 개발자는 페이지 하단의 닫는 </body> 태그 바로 앞에 <script> 태그를 두곤 한다. 그렇게 하면 브라우저가 HTML 콘텐츠를 모두 로드한 후에 스크립트 다운로드를 시작하며, 성능에 좋지 않은 영향을 줄 수 있다는 사실을 알아야 한다.

또 다른 방법은 다음과 같이 <script> 요소에 async 속성을 추가하고, <head> 영역의 닫는 </head> 태그 바로 앞에 <script>를 두는 것이다.

```html
<!doctype html>
    <html>
        <head>
            <title>My App</title>
            <script async src="/app.js"></script>
        </head>
        <body>
            <div id="app">...</div>
        </body>
    </html>
```

이렇게 하면 브라우저는 HTML 페이지의 나머지 부분이 로드되는 동안, 앱 번들을 비동기적으로 다운로드하게 된다. 성능 면에서는 좋지만, 자바스크립트 코드가 DOM이 준비되기도 전에 실행되기 시작할 수도 있다는 점을 기억하자. 따라서 DOM이 준비됐는지 여부를 먼저 확인해야 하며, 다음과 같이 DOMContentLoad 이벤트를 구독한다.

```javascript
import React from 'react';
import ReactDOM from 'react-dom';
import TestPage from './components/TestPage';

function run(cleanup = true) {
    if (cleanup) {
        document.removeEventListener('DOMContentLoaded', run);
        window.removeEventListener('load', run);
    }
    ReactDOM.render(<My Page />, document.getElementById('app'));
}

if (document.readyState !== 'loading') {
    run(false);
} else {
```

```
    document.addEventListener('DOMContentLoaded', run);
    window.addEventListener('load', run); // 대체
}
```

그 밖에 궁금해할 수 있는 부분으로는 왜 리액트에서 <head>와 <body> 요소를 관리하지 않느냐는 것이다. 그 이유는 브라우저의 한계 때문으로, 리액트에서는 <head> 영역의 요소를 조작하는 것이 적합하지 않다. 예를 들어, 페이지 타이틀과 설명을 클라이언트 측에 설정해야 한다면 다음과 같이 바닐라^{vanilla}(순수) 자바스크립트로 처리하는 편이 낫다.

```
ocument.title = 'New Title';
document.querySelector('meta[name=description]')
    .setAttribute('content', 'New Description');
```

▌ 트러블슈팅

서버에서 생성된 마크업이 리액트가 클라이언트에서 렌더링해야 하는 것과 차이가 나는 문제가 개발 과정에서 일반적으로 발생한다. 예를 들어, 다음 리액트 컴포넌트를 생각해 보자.

```
import React from 'react';

function CurrentTime() {
    return <p>Current time (timestamp in ms): {Date.now()}</p>;
}

export default CurrentTime;
```

이 컴포넌트를 리액트 웹 페이지에 포함시키고 브라우저에서 이 페이지를 다시 로드해보면, 브라우저 콘솔에서 다음과 유사한 경고 문구를 볼 수 있다.

```
Warning: React attempted to reuse markup in a container but the
checksum was invalid. This generally means that you are using server
rendering and the markup generated on the server was not what the client
was expecting. React injected new markup to compensate which works but you
have lost many of the benefits of server rendering. Instead, figure out why
the markup being generated is different on the client or server:
(client) 1.0.1.0.1">1450010451418</span></p></div
(server) 1.0.1.0.1">1450010450804</span></p></div
```

 개발 환경에서는 리액트에서 이러한 메시지를 표시하지 않는다(리액트가 포함된 애플리케이션 번들이 상용 배포용으로 최적화되지 않은 경우 발생함).

이는 리액트에서 마운트하는 과정에서 미리 렌더링된 HTML 마크업을 제거하고 DOM을 처음부터 다시 만들어야 한다는 뜻이다. 추측할 수 있듯이, 앱의 성능과 브라우저의 처리 속도에 영향을 미치게 된다. 일반적으로, 이러한 경고 문구는 조기에 찾아서 해당 코드를 수정하고 서버 측과 클라이언트 측 마크업이 같아지게 해야 한다.

이 오류 메시지에는 짧은 코드가 포함되어 있으며, 어떤 리액트 컴포넌트에 발생한 문제인지 힌트를 준다. 아쉽게도 너무 축약되어 있으며, 이 코드의 참조가 정확히 HTML 문서의 어떤 곳인지 항상 명확하지는 않다. 브라우저 콘솔의 오류(또는 경고) 메시지 근처에는 오류나 경고 메시지의 원인이 되는 파일 이름과 라인 번호가 표시된다. 이를 클릭해 라인 번호로 이동하고 해당 라인에 중단점breakpoint을 찍은 후 페이지를 다시 로드한다. 이제 브라우저는 정확한 라인에서 실행이 멈추고 브라우저 개발 도구의 Call Stack에서 클라이언트 측과 서버 측 마크업을 모두 조회할 수 있다.

다음 스크린샷은 브라우저의 Call Stack(크롬 개발자 도구의 경우)에서 전체 마크업을 확인하는 예시다.

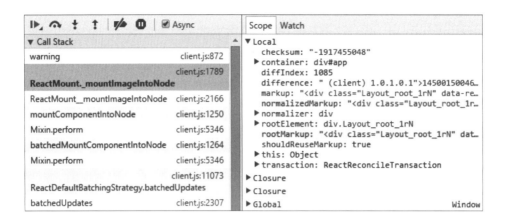

클라이언트 측과 서버 측 마크업에 해당되는 normalizedMarkup과 rootMarkup 변수의 값을 각각 복사한다. https://www.diffchecker.com/에 붙여넣으면 이 두 HTML 문자열에서 차이가 나는 곳을 모두 보여준다. 이 정보를 바탕으로 리액트 컴포넌트를 수정해, 브라우저나 서버와 무관하게 항상 동일한 출력물이 렌더링되게 할 수 있다.

▌ 서버에서 클라이언트로 컴포넌트 상태 전달하기

이전 CurrentTime 컴포넌트 예제에서 타임스탬프 값은 서버에서 생성(서버 측 렌더링 동안)되며 클라이언트로 전달되므로, CurrentTime 컴포넌트가 클라이언트 측에 마운트될 때 이 값은 재사용된다.

어떻게 이 문제를 해결할 수 있을지 잠깐 생각해보자. 쉽게 해결하기 위해서는 fbjs 패키지에 포함된 ExecutionEnvironment 유틸리티를 사용할 수 있다. 다음과 같이 사용한다.

```
import React from 'react';
import { canUseDOM } from 'fbjs/lib/ExecutionEnvironment';

function CurrentTime() {
    if (canUseDOM) {
        // TODO: 서버에서 생성된 시간을 사용
```

```
    } else {
        time = Date.now();
    }
    return <p>Current time (timestamp in ms): {time}</p>;
}

export default CurrentTime;
```

fbjs 패키지는 이미 리액트에서 내부적으로 사용되고 있으므로 애플리케이션 번들의 크기를 증가시키지 않는다. ExecutionEnvironment 유틸리티 클래스의 내부를 살펴보면, 이 클래스가 브라우저 환경에서 애플리케이션의 동작(canUseDOM 플래그) 여부를 어떻게 확인하는지 알 수 있다.

```
const canUseDOM = !!(
    typeof window !== 'undefined' &&
    window.document &&
    window.document.createElement
);
```

이 방법이 앱에서 테스트하기 가장 쉬운 방법이며, 서버에서 window와 document 전역 변수를 생성하지 않아도 잘 동작한다.

이전 CurrentTime 컴포넌트 코드 예제를 동형(Node.js와 브라우저 환경 모두에서 아무런 문제 없이 동작하는 것을 의미)이 되도록 만들고 싶다면, 이 컴포넌트의 동형 버전은 다음과 같다.

```
import React from 'react';
import { canUseDOM } from 'fbjs/lib/ExecutionEnvironment';

function CurrentTime() {
    const elem = canUseDOM &&
        document.querySelector('.time[data-time]');
    const time = elem ? +elem.dataset.time : Date.now();
    return (
        <pclassName="time" data - time={ time }>
            Current time(timestamp in ms): { time }
```

```
        </p >
    );
}

export default CurrentTime;
```

서버에서 이 컴포넌트의 렌더링이 발생하면, 새로운 타임스탬프 값을 생성해 data-time 속성 내에 렌더링한다. 클라이언트에서 이 컴포넌트는 앱이 브라우저에서 동작 중인지 여부를 확인한다. 여기서 동작 중이라는 것은 이 컴포넌트가 이미 서버에서 렌더링됐고 DOM에 존재한다는 뜻이다. 다음으로 이 컴포넌트는 data-time 속성의 time(타임스탬프) 변수의 값을 획득해 서버에서 미리 렌더링된 것과 완벽하게 동일한 마크업을 렌더링하는 데 사용한다.

이 방법이 이 컴포넌트의 동형 렌더링 문제를 해결하는 유일한 방법은 아니다. data-time 속성 외에도 서버에서 클라이언트로 전달돼야 하는 상태[state]의 크기에 따라서, <script>나 <script type="application/json">을 통해 HTML 문서에 애플리케이션의 상태를 포함시켜 브라우저에서 동작 중인 앱으로 전달할 수도 있다.

예를 들어, 다음과 같이 서버의 데이터베이스에서 아이템 목록을 가져와 직렬화한 다음 HTML 문서에 <script> 태그를 사용해 삽입한다.

```
<script id="state-items" type="application/json">
    [{"id": 1, "Item A"}, {"id": 2, "Item B" }]
</scripts>
```

 자바스크립트 객체를 JSON 문자열로 직렬화한다면, 그 결과를 〈script〉 태그에 추가하기 전에 다음과 같이 정리하는 것이 좋다.

```
JSON.stringify(obj)
    .replace(/<\/script/g, '<\\/script')
    .replace(/<!--/g, '<\\!--');
```

그리고 클라이언트(브라우저에서 실행되는 코드)에서는 다음과 같이 해당 데이터를 역직렬화^{de-serialize}한 후 props를 통해 리액트 컴포넌트로 전달한다.

```
const elem = document.getElementById('state-items');
const items = JSON.parse(elem.innerHTML);
elem.parentNode.removeChild(elem); // 제거
const component = <List items={items} />;
```

▌ 리액트 컨텍스트로 작업하기

동형 앱을 만들 때 리액트의 context 기능을 사용하는 것이 좋다. 이 기능으로 컨텍스트 연관 데이터를 컴포넌트 트리를 통해 최상위 리액트 컴포넌트에서 명시적으로 해당 데이터를 요청한 모든 자식 컴포넌트로 전달할 수 있다. 이렇게 하면, 모든 하위 수준의 자식 컴포넌트로 데이터를 수동으로 전달할 필요가 없다.

 https://reactjs.org/docs/context.html의 리액트 문서에서 이 기능을 더 자세히 확인할 수 있다.

대부분은 컴포넌트들 사이에 데이터를 전송하기 위해 Flux나 props를 저장소로 사용하고, 기존 방식으로 데이터 전달이 어려운 경우에만 리액트 컨텍스트를 사용하는 것이 좋다. 이러한 기능에 관한 적당한 예는 현재 로그인한 사용자 객체나 현재 언어 또는 테마 정보 등을 전달하는 것이다. 멀티 테넌트^{multi-tenant} 웹사이트를 구축한다면 컨텍스트를 통해 고객이나 웹사이트의 정보를 전달하는 것이 좋다.

먼저, 리액트 컴포넌트 내부에 있는 데이터에 접근하는 방법을 살펴보자. 컨텍스트 데이터가 이미 최상위 레벨의 리액트 컴포넌트 중 하나로 전달됐다고 가정해보자. 이 데이터는 상태저장^{stateful} 리액트 컴포넌트의 this.context 속성을 통해 사용할 수 있고, 렌더링

하는 과정에서 상태비저장^{stateless} 리액트 컴포넌트로 전달되는 두 번째 인자로 사용할 수 있다.

다음은 컨텍스트의 user 객체에 접근하는 상태저장 리액트 컴포넌트를 보여준다.

```javascript
import React, { Component } from 'react';
import PropTypes from 'prop-types';
class WelcomeMessage extends Component {
    static contextTypes = {
        user: PropTypes.shape({
            name: PropTypes.string.isRequired
        })
    };
    render() {
        const user = this.context.user;
        return <p>Welcome, {user ? user.name : 'Guest'}!</p>;
    }
}

export default WelcomeMessage;
```

다음은 이 컴포넌트와 대응되는 상태비저장 컴포넌트다.

```javascript
import React, { Component } from 'react';
import PropTypes from 'prop-types';
function WelcomeMessage(props, { user }) {
    return <p>Welcome, {user ? user.name : 'guest'}!</p>;
}

WelcomeMessage.contextTypes = {
    user: PropTypes.shape({
        name: PropTypes.string.isRequired
    })
};

export default WelcomeMessage;
```

134

contextTypes 정적^{static} 속성에 주목한다. 이는 렌더링되는 동안 컴포넌트에서 사용할 수 있는 컨텍스트 데이터가 무엇인지 명시적으로 정의하는 데 사용된다. 이 예제에서는 컨텍스트에 저장되는 객체 수와 상관없이, 런타임에 해당 컴포넌트에서 user 객체만 사용할 수 있다. 만약 contextTypes 속성을 명시하지 않는다면 해당 컨텍스트 변수는 빈 객체가 된다.

이제 리액트의 context를 통해 user 객체를 사용하는 방법을 살펴보자. 다음과 같이 Context 컴포넌트를 신규로 생성한다.

```
import React, { Component } from 'react';
import PropTypes from 'prop-types';
class Context extends Component {
    static childContextTypes = {
        user: PropTypes.shape({
            name: PropTypes.string.isRequired
        })
    };
    getChildContext() {
        return { user: this.props.user };
    }
    render() {
        return React.Children.only(this.props.children);
    }
}

export default Context;
```

보다시피, 해야 할 일은 개발 과정에 컨텍스트 객체 유효성을 검사하는 childContextTypes 정적 속성을 설정하고(propTypes 사용법과 유사함) getChildContext() 인스턴스 메소드$^{instance\ method}$를 선언하는 것이다. 이 메소드는 Context 컴포넌트가 마운트되거나 갱신될 때마다 호출된다. 반환되는 값은 리액트에서 컴포넌트 트리 하위로 전달하는 데 사용된다.

다음은 이 컴포넌트의 사용 방법에 관한 예시다.

```
<Context user={{ name: 'Tarkus' }}><TestPage /></Context>
```

TestPage 컴포넌트에서는 user 객체가 props를 통해 명시적으로 전달되지 않았지만 user 객체에 접근할 수 있게 된다.

이제 서버 측 렌더링 과정에서 user 객체를 설정하는 방법을 살펴보자. 인증authentication에 관해서는 이후의 장에서 살펴볼 것이므로, 지금은 다음과 같이 server.js 파일에서 인증 미들웨어 목mock을 사용한다.

```
server.use((req, res, next) => {
    if (typeofreq.query.admin !== 'undefined') {
        req.user = { name: 'Tarkus ' };
    } else {
        req.user = null;
    }
    next();
});
```

브라우저의 URL에 ?admin 쿼리 문자열을 추가하면 이 미들웨어에서는 req.user 속성을 user 객체로 설정한다. 그렇지 않으면 req.user는 null이 된다.

다음 단계로 서버 측 로직을 수정해 req.user 변수의 user 객체를 리액트 애플리케이션으로 전달한다.

```
server.get('*', (req, res) => {
    const state = { user: req.user };
    const component = Router.match(req, state);
    const body = ReactDOM.renderToString(component);
    const html = ReactDOM.renderToStaticMarkup(<Html
        title="My App"
```

```
          description="Isomorphic web application sample"
          body={body}
          state={state} />);
    res.send('<!doctype html>\n' + html);
});
```

여기서는 기본적인 라우터를 사용하고 있으며, 이를 수정해 state 변수가 해당 페이지 컴포넌트로 전달되게 해보자.

```
import React from 'react';
import Context from '../components/Context';

const routes = [
    require('../routes/Home'),
    require('../routes/Test'),
    require('../routes/NotFound')
];

const router = {
    match(location, state) {
        let component;
        const route = routes.find(x => x.path === location.path);

        if (route) {
            try {
                component = route.action(location);
            } catch (err) {
                component = routes.find(x => x.path === '/500').action();
            }
        } else {
            component = routes.find(x => x.path === '/404').action();
        }
        return <Context {...state}>{component}</Context>;
    }
};

export default router;
```

Html 컴포넌트도 수정해 애플리케이션의 state가 <script> 태그에서 렌더링되게 한다.

```
import React from 'react';
import PropTypes from 'prop-types';
function Html({ title, description, body, state }) {
    return (
        <html>
            <head>
                <metacharSet="utf-8" />
                <metahttpEquiv="x-ua-compatible" content="ie=edge" />
                <title>{title}</title>
                <meta name="description" content={description} />
                <meta name="viewport" content="width=device-width, initial-
scale=1" />
                <script asyncsrc="client.js" />
            </head>
            <body>
                <div id="app" dangerouslySetInnerHTML={{ __html: body }} />
                <scriptdangerouslySetInnerHTML={{
                    __html: 'window.AppState=' + JSON.stringify(state)
                }}></script>
            </body>
        </html >
    );
}

Html.propTypes = {
    title: PropTypes.string.isRequired,
    description: PropTypes.string.isRequired,
    body: PropTypes.string.isRequired,
    state: PropTypes.object.isRequired
};

export default Html;
```

이제 앱이 브라우저에서 로드될 때, window.AppState 변수는 서버에서 생성한 해당 애플리케이션의 state를 포함하게 되고, HTML 문서에 포함된 <script> 태그를 통해 클라이언트로 전달된다.

퍼즐의 마지막 조각은 서버에서 했던 방법과 같이 클라이언트 측 코드에 있는 이 state 변수를 Router.match(location, state) 메소드로 전달하는 것이다. server.js 파일의 run() 메소드를 다음과 같이 수정한다.

```
function run() {
    const location = { path: window.location.pathname };
    const component = Router.match(location, window.AppState);
    ReactDOM.render(component, document.getElementById('app'));
}
```

▌ 페이지 타이틀과 메타 태그 설정 방법

리액트에서 페이지를 렌더링할 때, 어떤 방식으로든 페이지 타이틀 같은 페이지 메타데이터를 호출자caller에게 전달해야 한다. 다음 페이지 컴포넌트를 살펴보자.

```
function PrivacyPage() {
    return (
        <div>
            <h1>Privacy Policy</h1>
            <p>Coming soon</p>
        </div>
    );
}
```

여기에는 타이틀과 텍스트가 포함되어 있다. 그렇다면 서버에서 <title>Privacy Policy</title>을 설정하고 클라이언트에서 document.title = "Privacy Policy"를 호출해, 렌더링 로직으로 정확한 타이틀을 전달하는 것이 좋지 않을까?

이 문제를 해결하기 위해 앞서 설명한 context 기능을 사용할 수 있다. 다음은 새로운 PrivacyPage 컴포넌트다.

```
function PrivacyPage(props, { page }) {
    page.title = 'Privacy Policy';
    return (
        <div>
            <h1>{page.title}</h1>
            <p>Coming soon</p>
        </div>
    );
}

PrivacyPage.contextTypes = {
    page: PropTypes.shape({ title: PropTypes.string }).isRequired
};

export default PrivacyPage;
```

이제, router를 수정해 새로운 페이지를 렌더링할 때마다 새로운 페이지 객체를 전달하게 해보자.

```
const router = {
    match(location, state) {
        let component;
        const page = {
            title: 'My Application',
            description: 'Isomorphic web application sample',
            status: 200
        };
        const route = routes.find(x => x.path === location.path);

        if (route) {
            try {
                component = route.action(location, state);
            } catch (err) {
```

```
                component = routes.find(x => x.path === '/500').action();
                page.status = 500;
            }
        } else {
            component = routes.find(x => x.path === '/404').action();
            page.status = 404;
        }

        return [
            <Context {...state} page={page}>{component}</Context>,
            page
        ];
    }
};
```

기본값은 구성 파일에서 불러와야 하지만, 예제를 간단하게 하기 위해 page 객체가 초기화되는 router 내부에 직접 설정한다.

다음으로 Context 컴포넌트를 아래와 같이 수정해 컨텍스트 변수인 page 객체를 전달한다.

```
class Context extends Component {
    static childContextTypes = {
        page: PropTypes.shape({
            title: PropTypes.string,
            description: PropTypes.string,
            status: PropTypes.number
        }),
        user: PropTypes.shape({
            name: PropTypes.string.isRequired
        })
    };
    getChildContext() {
        return {
            page: this.props.page,
            user: this.props.user
        };
```

```
    }
    render() {
        return React.Children.only(this.props.children);
    }
}
```

끝으로, Router.match(...) 메소드를 호출하면 출력 컴포넌트가 렌더링되도록 서버 측과 클라이언트 측 코드를 수정한다. server.js의 렌더링 함수는 다음과 같다.

```
server.get('*', (req, res) => {
    const state = { user: req.user };
    const [component, page] = Router.match(req, state);
    const body = ReactDOM.renderToString(component);
    const html = ReactDOM.renderToStaticMarkup(<Html
        title={page.title}
        description={page.description}
        body={body}
        state={state} />);
    res.status(page.status).send('<!doctype html>\n' + html);
});
```

클라이언트 측 렌더링 로직은 다음과 같다.

```
function run() {
    const state = window.AppState;
    const containe = document.getElementById('app');
    const location = { path: window.location.pathname };
    const [component, page] = Router.match(location, state);
    ReactDOM.render(component, container, () => {
        document.title = page.title;
        document.querySelector('meta[name=description]')
            .setAttribute('content', page.description);
    });
}
```

반환된 router 컴포넌트가 렌더링을 마치고 DOM에 마운트된 직후, 이 콜백 함수는 페이지 타이틀과 설명^{description}을 최신 값으로 갱신하게 된다. 아직 클라이언트에서 페이지를 탐색하는 기능은 없다. 그 내용은 이후의 장에서 다룬다.

▎ 타사 라이브러리로 작업하기

동형 앱을 개발할 때, 프로젝트에 포함시켜야 하는 타사 UI 라이브러리가 서버 측 렌더링을 지원하지 않는 문제가 생길 수 있다. 이 같은 라이브러리를 자신의 리액트 컴포넌트에 포함시키면, 서버에서 앱을 렌더링할 때 ReacDOMServer.renderToString()에서 예외^{exception}가 발생한다. 타사 라이브러리가 Node.js 환경에서 사용할 수 없는 window와 document, navigator 같은 전역 변수를 사용하기 때문에 이런 현상이 발생한다.

일반적으로 이러한 컴포넌트는 서버에서 렌더링하더라도 얻는 이득이 없다. 예를 들면, WYSIWYG 편집기와 자동완성 박스 등이 해당된다. 정말로 이러한 것을 서버에서 미리 렌더링하고 싶은가? 그렇다면 이 컴포넌트는 반드시 클라이언트 측에서만 참조되고 초기화되게 해야 한다.

다음은 리액트 컴포넌트에 통합된 codeMirror 텍스트 편집기 예제다.

```
classTextEditor extends Component {
    componentDidMount() {
        this.codeMirror = require('codemirror')
            .fromTextArea(this.refs.input);
        this.codeMirror.on('change', this.handleChange);
    }
    componentWillUnmount() {
        if (this.codeMirror) {
            this.codeMirror.toTextArea();
        }
    }
    handleChange = (editor) => {
```

```
        if (this.props.onChange) {
            this.props.onChange(editor.getValue());
        }
    };
    render() {
        return <textarea ref="input">{this.props.children}</textarea>;
    }
}
```

codemirror 모듈이 componentDidMount() 메소드 내에서 로드되고 초기화된다
(TextEditor.js 파일에서 처음에 참조하는 것과는 대조적). 이 메소드는 리액트 앱을 HTML 문자
열로 렌더링할 때 절대 호출되지 않는다. 따라서 이 codeMirror 텍스트 편집기는 클라이
언트(브라우저)에서만 초기화된다.

원래부터 동형이 아닌, D3 charts 같은 타사 라이브러리를 서버에서 렌더링해야 할 경우
jsdom 라이브러리를 사용하면 가능하다. 하지만 이 주제는 이 책의 범위를 벗어난다.

▌ 서버 데이터 가져오기

동형 컴포넌트 개발에 도움이 되는 또 다른 방법을 살펴보자. 서버의 데이터를 요청하는
데 사용할 HTTP 클라이언트 유틸리티가 필요하다고 해보자. 이 유틸리티는 대상 환경에
따라 구현이 달라진다. Node.js에서는 네이티브 http 모듈을 사용하고 클라이언트에서
는 브라우저의 XMLHttpRequest를 사용하게 될 것이다. 그렇지 않고 더 높은 수준으로 추
상화해야 한다면 서버는 node-fetch 모듈을 사용하고 클라이언트는 whatwg-fetch 모듈
을 사용한다.

다음 명령어를 실행해 두 가지 npm 모듈을 설치한다.

```
npm install whatwg-fetch node-fetch --save
```

첫 번째 모듈은 내부적으로 XHTMLHttpRequest를 사용하고, 두 번째는 Node.js http 모듈이며, 이 둘은 거의 동일한 API를 제공한다.

이제 다음과 같이 대상 환경별로 각각 하나씩, 2개의 파일을 생성한다.

```js
// core/fetch/fetch.client.js
import 'whatwg-fetch';

export default self.fetch.bind(self);
export const Headers = self.Headers;
export const Request = self.Request;
export const Response = self.Response;

// core/fetch/fetch.server.js
export * from 'node-fetch';
```

추가로, 다음과 같이 core/fetch/package.json을 생성한다.

```json
{
    "private": true,
    "name": "fetch",
    "main": "./fetch.server.js",
    "browser": "./fetch.client.js"
}
```

웹팩에서는 이 파일을 통해 번들에 포함돼야 하는 두 가지 파일을 결정한다. fetch.client.js는 클라이언트 측 번들로 컴파일되고 fetch.server.js는 서버 측 번들에 포함된다. 이제 리액트 컴포넌트에서 생성한 fetch 모듈을 간단히 참조할 수 있게 됐고, 서버와 클라이언트가 내부적으로 동작이 다르다는 사실은 잊어버려도 된다.

다음은 이 fetch 모듈이 어떻게 사용되는지 보여주는 코드다.

```
import React, { Component } from 'react';
import fetch from '../../core/fetch';

class Test extends Component {
    state = { data: 'loading...' };
    async componentDidMount() {
        try {
            const response = await fetch('/api/test');
            const data = await response.text();
            this.setState({ data });
        } catch (err) {
            this.setState({ data: 'Error ' + err.message });
        }
    }
    render() {
        return <p>Server response: {this.state.data}</p>
    }
}

export default Test;
```

componentDidMount( ) 메소드가 비동기(async)로 되어 있다는 점을 주목하자. 내부적으로 async나 await 구문을 사용할 수 있으며 .then( )과 .catch( ) 메소드를 사용하는 것과는 대조적으로 코드를 읽기 쉽게 만들어준다.

 WHATWG Fetch API가 처음이라면 다음 블로그 게시물을 먼저 확인하기 바란다.
• https://jakearchibald.com/2015/thats-so-fetch/
전체 Fetch API는 다음 경로에서 확인한다.
• https://fetch.spec.whatwg.org

이 예제의 리액트 컴포넌트는 DOM에 마운트되는 즉시 /api/test 서버 엔드포인트로 HTTP 요청을 보낸다. 이는 리액트 컴포넌트 내에서 에이잭스Ajax 기능을 테스트하는 가장 쉬운 방법이다. 더 개선된 시나리오는 이후의 장에서 다룰 것이다. RESTful API 엔드 포인트가 무엇인지 궁금하다면 다음을 살펴보자.

```js
// api/test.js
import express from 'express';

const router = express.Router();

router.get('/test', (req, res) => {
    res.send({ message: 'Hello from RESTful API' });
});

export default router;
```

이 API 미들웨어를 server.js 파일에 다음과 같이 등록한다.

```js
server.use('/api', require('./api/test.js'));
```

이 fetch 모듈의 서버 측 버전에는 한 가지 문제가 있다. Node.js 환경에서 /api/test URL로 HTTP 요청을 보내면 어떤 일이 일어날까? "only absolute URLs are supported" 라는 오류가 발생한다. 이 문제를 해결하기 위해서는 다음 예제와 같이 연관된 모든 URL 에 http://localhost:3000을 접두사로 붙이도록 node-fetch 모듈을 몽키 패치[monkey patch]한다.

```js
// core/fetch.server.js
import fetch, { Request, Headers, Response } from 'node-fetch';

functionlocalFetch(url, options) {
    return fetch(url.startsWith('http') ?
        url : 'http://localhost:3000' + url, options);
}

export { localFetch as default, Request, Headers, Response };
```

이제 이 fetch 모듈은 완벽한 동형이며, 이 모듈을 서버 측과 클라이언트 측 코드 양쪽에서 동일하게 사용할 수 있다.

▌ 요약

5장에서는 서버에서 리액트 컴포넌트의 렌더링에 관한 기본적인 내용을 살펴봤고, 서버측 렌더링과 연관된 잠재적인 문제를 디버깅하는 방법을 배웠다. 그리고 동형 웹 애플리케이션을 개발하는 데 도움이 되는 다양한 방법과 기술을 익혔다.

온라인으로 제공되는 예제 소스 코드를 살펴보는 것을 적극 권장한다(chapter-05 폴더 확인). 이 책에서 설명한 다음과 같은 문제점을 스스로 빠르게 해결할 수 있는지 확인한다.

- 서버의 컴포넌트 상태를 직렬화해 HTML 페이지에 포함시키고 클라이언트에서 다시 복원하는 방법은 무엇인가? components/CurrentTime 참조
- 현재 로그인된 사용자 객체를 리액트 애플리케이션으로 전달하는 방법은 무엇인가? server.js, components/Html, routes/Test 참조
- 서버와 클라이언트 모두에서 페이지 타이틀과 그 밖의 메타 태그를 설정하는 방법은 무엇인가? server.js, components/Html, routes/Test 참조
- 서버 측 렌더링이 되지 않는 타사 UI 컴포넌트를 앱에 포함시키는 방법은 무엇인가?
- 서버와 클라이언트 모두에서 동일한 코드가 실행되도록 서버의 데이터를 가져오는 방법은 무엇인가? server.js, api/test.js, core/fetch, routes/Test 참조

6장에서는 GraphQL을 사용해 앱에서 데이터를 스트리밍하기 위한 서버 측 HTTP 엔드포인트를 만드는 방법을 살펴본다.

06

GraphQL 데이터
API 만들기

6장에서는 GraphQL 명세를 준수해 데이터 API 서버를 만드는 방법을 살펴본다. 왜 전통적인 RESTful API가 아니라 GraphQL인가? 그 이유는 RESTful 방법론을 따라서 데이터 API 서버를 개발하고 웹과 모바일 클라이언트 앱에 맞게 최적화하면, 결국 2012년부터 페이스북에서 데이터를 요청하고 전달하기 위해 사용하는 기술인 GraphQL과 아주 비슷해지기 때문이다. 이 기술은 빠르게 동작하며 개발자의 생산성을 향상하고, 하루에 수천억 건의 요청을 처리하는 페이스북 규모와 성능 요구사항에 맞게 훌륭하게 동작한다.

GraphiQL은 자바스크립트로 구현된 참조(런타임) 라이브러리, 개발 도구(GraphiQL IDE), http://graphql.org에서 확인할 수 있는 문서를 포함한 GraphQL 명세 형태로 2015년에 공개됐다.

6장에서 다루는 내용은 다음과 같다.

- GraphQL의 기초
- GraphQL 쿼리
- GraphQL 타입 체계
- Node.js로 GraphQL 서버 구현하기

GraphQL의 기초

GraphQL은 페이스북에서 만든 애플리케이션 계층 쿼리다. 이름의 의미로 유추할 수 있는 것과는 달리 Graph 데이터베이스와는 관련이 없다. 즉, 데이터 저장과는 아무런 상관이 없다. 예를 들어, https://github.com/graphql/swapi-graphql/은 GraphQL 서버이며 swapi.co REST API를 지원한다. https://github.com/graphql/raphql-js 깃허브 저장소에 있는 예제는 인메모리 JSON 객체 기반이다. 하지만 실제 애플리케이션에서 SQL 테이블을 기반으로 하는 형태를 포함한 여러 서버에 저장된 데이터를 기반으로 하는 GraphQL 형태는 흔하다.

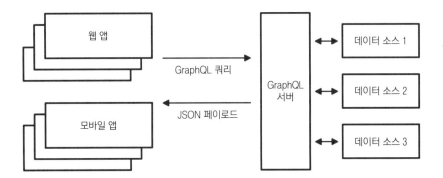

다음 그림이 무엇처럼 보이는가? 동일한 영역에 임대할 아이템과 연관 광고를 나란히 표시해주는 웹 페이지가 있다고 해보자.

이 페이지를 렌더링하는 데 필요한 데이터는 대략 다음과 같을 것이다.

```
{
    viewer: { name: 'Konstantin Tarkus' },
    offer: {
        id: 123,
        title: 'Children's Bike',
        location: { city: 'New York', state: 'NY' },
        picture: { url: "//cdn.com/123.png", width: 800, height: 90 },
        description: 'Loremipsum...',
        price: { hourly: 9, daily: 25 }
        author: { name: 'John' },
        related: [
            { id: ..., name: ..., picture: ... }, ...
        ]
    }
}
```

여기는 현재 로그인한 사용자의 상세정보인 name과 location, description, 아이템 목록의 price 정보, 더불어 동일한 영역에 연관 광고 목록도 포함되어 있다.

이 데이터 구조는 불확실성에 유연하게 대응하기는 어려운 반면, 데이터를 클라이언트 앱으로 스트리밍해주는 데이터 API 엔드포인트 구현 방법은 여러 가지가 있으며 각각의 장단점이 존재한다.

다음과 같이 전통적인 RESTful API를 통해 서버에 여러 번 요청을 보내 데이터를 가져올 수 있으며, 데이터 유형당 1개 이상의 요청이 필요하다.

```
http://rentals.com/api/v1/user        - 현재 로그인된 사용자
http://rentals.com/api/v1/offer/123   - ID가 123인 광고
http://rentals.com/api/v1/users/xxx   - 목록 제공자
http://rentals.com/api/v1/offers/xxx  - 연관 광고 정보
```

이러한 방법은 서버에 구현하기는 쉬운 반면, 클라이언트의 데이터 조회 로직은 아주 복잡해지고 대부분의 경우, 특히 모바일 기기에서 성능과 연관된 데이터 통신 문제의 원인이 될 수 있다. 요청 중의 하나가 실패했을 때를 상상해보자. 모바일 기기가 가끔 인터넷 연결이 불안정하다고 가정했을 때, 코드에서 어떻게 처리하게 할 것인가? 실패한 요청만 재시도할 것인가 아니면 전체를 다시 처리해야 할까?

앱의 각 페이지나 화면 유형에 따라 각각의 REST 엔드포인트를 만들 수도 있다. 이렇게 한 번의 요청으로 해당 페이지나 화면에서 필요한 모든 데이터 세트를 조회할 수 있지만, 이러한 방법은 서버와 클라이언트 간의 결합도를 엄청나게 증가시켜, 새로운 기능을 추가하거나 리팩토링을 할 때 오류가 발생하기 쉽다.

RESTful API의 또 다른 문제점은 조회된 데이터의 형태를 제어하거나, 너무 적게 또는 너무 많이 조회하는 문제를 처리하기가 까다롭다는 점이다.

그에 반해, 이 예제의 웹 페이지 데이터는 다음과 같이 GraphQL API 서버로 한 번의 요청을 통해 조회할 수 있다.

```
const query = `{
    viewer { name },
    ad(id: 123) {
        id,
        title,
        location { city, state },
        picture { url, width, height },
        description,
        price { hourly, daily },
        author { name },
        related(first: 3) {
            id,
            name,
            picture { url, width, height }
        }
    }
}`;

fetch(`${window.location.origin}/graphql`, {
    method: 'post',
    headers: { 'Content-Type': 'application/json' },
    body: JSON.stringify({ query })
}).then(res => res.json()).then(result => console.log(result));
```

여기서 query는 텍스트 문자열이며, /graphql 엔드포인트에 HTTP GET이나 HTTP POST 요청을 통해 전송된다.

 이 예제 코드에서 사용된 fetch 유틸리티는 현재 IE와 에지(Edge), 사파리(Safari), 오페라 미니(Opera Mini) 브라우저에서 동작하지 않는다. 하지만 npm의 whatwg-fetch 라이브러리를 사용해 쉽게 동작하도록 만들 수 있다. 더 자세한 정보는 https://github.com/github/fetch를 방문해보자.

이 요청은 다음과 같이 처리된다.

```json
{
    "data": {
        "viewer": { "name": "Konstantin Tarkus" },
        "offer": { "id": 123, "title": "Children's Bike", ... }
    }
}
```

그렇지 않고, 필드 중의 하나가 잘못 입력된 경우와 같이 GraphQL 서버가 이 요청을 처리하는 데 실패하면 서버의 응답은 다음과 같다.

```json
{
    "errors": [{
        "message": "Cannot query field \"foo\" on type \"Offer\".",
        "locations": [{ "line": 4, "column": 5 }]
    }]
}
```

GraphQL 쿼리는 클라이언트에서 요청한 필드와 정확히 일치하는 필드를 조회한다. 그 이상도 그 이하도 아니다. 또한 이 쿼리는 SQL, MQL, 그렘린Gremlin 같은 여타 언어들에 비해 아주 효과적이고 효율적이며, 쿼리의 모양이 서버에서 조회된 데이터의 모양과 완전히 일치된다.

보다시피, GraphQL 쿼리는 JSON이나 자바스크립트 객체 표기 방법과 아주 유사하며, 가장 큰 차이점은 객체 필드만 포함하고 필드의 값은 포함하지 않는다는 점이다.

새로운 표준 대신 JSON을 사용하면 어떨까라는 의문이 들 수 있다. 동일한 쿼리를 JSON으로 작성할 수도 있지만, 훨씬 복잡하고 효율성이 떨어진다. 다음 두 가지 쿼리를 예로 비교해보자.

▼ JSON으로 작성된 쿼리

```
{
    "query": {
        "viewer": {
            "name": null
        },
        "offer (id: 123)": {
            "title": null,
            "description": null
        }
    }
}
```

▼ GraphQL로 작성된 쿼리

```
query {
    viewer {
        name
    },
    offer(id: 123) {
        title,
        description
    }
}
```

GraphQL 쿼리를 살펴보면 2개의 최상위 필드(viewer와 offer)가 존재하고 추출된 모든 데이터는 이 두 데이터 근처에 있음을 알 수 있다. 이 패턴은 쿼리 지연 시간 단축과 효율적인 아키텍처를 위한 해결책으로 알려져 있다. 더 많은 데이터를 가져와야 한다면 대부분의 경우 기존 쿼리의 노드에 필드만 더 추가하면 된다.

예를 들어 서버에서 지원한다고 가정하고 현재 로그인한 사용자를 위한 상위 5개 사이트 알림을 조회하려면, 다음과 같이 간단하게 viewer 노드에 notifications 필드를 추가하면 된다(GraphQL 용어로는 실렉션 세트 selection set 라고 함).

```
{
    viewer {
        name,
        notifiactions { message }
    },
    offer(id: 123) { ... }
}
```

특정 필드 목록을 명시하지 않고 전체 실렉션 세트를 요청하는 것은 허용되지 않는다. { viewer { name, notifications } }와 같은 쿼리는 'notifications가 복합 타입 complex type 이지만 스칼라로 사용됐다'는 오류를 반환하게 된다.

클라이언트에서 요청한 데이터의 모든 필드가 GraphQL 쿼리에 분명하게 명시됐다면 서버의 노드에 신규 필드를 추가하더라도 기존 클라이언트에 영향을 미치지 않는다. RESTful API에서는 흔치 않은 경우로, 이렇게 하면 데이터 API 서버 엔드포인트를 버전별로 관리할 필요가 없다. GraphQL에서는 모바일 앱에서 사용하기 위한 별도의 엔드포인트를 추가로 만들 필요가 없다. 또한 동일한 모바일 앱의 각기 다른 버전이 동일한 GraphQL API 서버에서 문제없이 동작하며, 새로운 기능이 추가되는 경우에도 앱이 중단되지 않는다.

GraphQL을 사용해보기 위한 가장 간단한 방법은 기존의 swapi.co REST API 위에 구축된 GraphQL 서버의 라이브 데모live demo 웹사이트를 방문하는 것이다.

http://graphql.org/swapi-graphql/

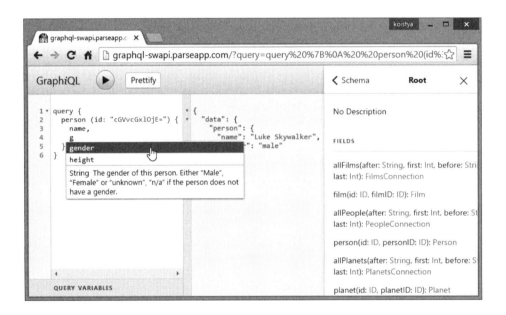

보다시피, GraphiQL IDE 인터페이스가 표시되며 우측에서는 API 문서를 확인할 수 있고 GraphQL 서버의 노출 기능에 의해 자동으로 생성된다. 좌측에는 자동 완성과 문법 강조 기능이 있는 GraphQL 편집기가 있다. 중앙에서는 쿼리 수행 결과를 볼 수 있다.

다음과 같이 브라우저에서 URL의 쿼리 문자열에 raw 파라미터를 추가하면 해당 쿼리의
결과를 JSON 형식으로 확인할 수 있다.

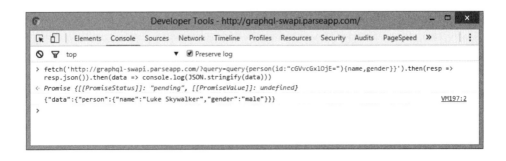

동일한 쿼리를 실행하는 또 다른 방법은 다음 fetch(...) 명령을 브라우저의 콘솔 창에
입력하는 것이다.

```
fetch('http://graphql.org/swapi-graphql/?query=query{person(id:"cGVvcGxlOjE="){
name, gender }}').then(resp =>resp.text()).then(data =>console.log(data))
```

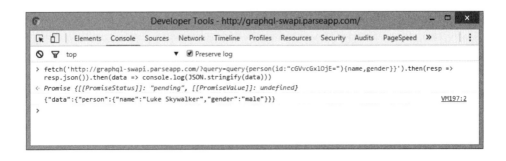

GraphQL을 설계한 목적 중에는 프론트엔드 개발자가 직관적으로 배우고 사용할 수 있
도록 단순하게 만드는 것이 포함되어 있다. 이 데모 사이트를 좀 더 사용해보면서
GraphQL 쿼리에 관한 문서를 참고하지 않고 서버의 데이터를 스스로 조회할 수 있는지
확인해보기 바란다. 그런 다음 GraphQL 쿼리에 관해 살펴본다.

▌ GraphQL 쿼리

다음 쿼리를 자세히 살펴보자.

```
query PersonQuery {
    person(id: "cGVvcGxlOjE=") {
        name,
        gender,
        homeworld {
            name
        }
    }
}
```

첫 번째 라인은 PersonQuery라는 이름의 작업을 정의하고 있으며, 서버의 데이터를 조회한다. query 키워드는 현재 지원되는 query, mutation, subscription 이 세 가지 작업 중 하나다.

GraphQL 문서에 여러 가지 작업을 정의할 때는 query 키워드와 작업의 이름(예제에서는 PersonQuery)을 명시해야 한다. 따라서 이 쿼리를 다음과 같이 간략하게 작성할 수 있다.

```
{
    person(id: "cGVvcGxlOjE=") {
        name,
        gender,
        homeworld {
            name
        }
    }
}
```

person과 homeworld는 모두 쿼리 필드^{query field}이고, name과 gender 필드는 문자열과 Boolean 값, 숫자 같은 스칼라 값을 요청하기 위한 쿼리의 리프 노드^{leaf node}라고 할 수

있다. person과 homeworld는 서버의 복합 데이터 타입에 해당되는 필드다. id 필드는 예상할 수 있듯이 person 필드의 인자[argument]이고, cGVvcGxlOjE= 문자열은 id 인자의 입력 객체다.

GraphQL 서버는 클라이언트에서 전송한 쿼리를 실행하기 전에 GraphQL 서버를 이루는 스키마에 대한 쿼리를 검사한다. 이 예제처럼 GraphQL 서버에는 스키마의 최상위(루트[root]) 레벨에 쿼리 필드가 있고, 해당 필드의 아래 ID 형식의 인자 id와 나란히 정의된 person 필드가 있으며, 해당 필드 아래에 name, gender, homeworld 등의 필드가 있다.

필드를 잘못 입력했거나 필드 인자와 서버에 필수로 표시된 입력값을 지정하지 않은 경우 서버에서는 다음과 유사한 오류를 응답한다.

```
{
    "data": { "person": null },
    "errors": [{ "message": "must provide id" }]
}
```

필드 인자에 관해서는 다음과 같이 쿼리 문자열에 인자를 하드코딩할 수 있다.

```
var id = 'cGVvcGxlOjE=';
var query = `query { person(id: "${id}") { name } }`;
fetch('http://graphql-swapi.parseapp.com/', {
    method: 'post',
    headers: { 'Content-Type': 'application/json' },
    body: JSON.stringify({ query })
}).then(resp => resp.json()).then(data => console.log(data));
```

 대부분의 경우 캐시된 응답을 받는 것을 피하기 위해 HTTP POST 메소드를 사용해 GraphQL 서버로 쿼리를 전송한다.

대규모 쿼리에서는 이러한 방법이 적합하지 않다. 이유는 문자열 연결은 필드 인자가 올바르게 인코딩돼야 하고 클라이언트에서 이러한 쿼리들을 반복적으로 컴파일해야 하는 비용이 많이 드는 작업이기 때문이다.

다행히 GraphQL 쿼리는 쿼리 파라미터 개념이 들어가 있으며, 다음 예시에서 보여주는 것처럼 GraphQL 서버로 파라미터가 포함된 쿼리를 전송할 수 있다.

다음은 파라미터가 포함된 GraphQL 쿼리를 서버로 전송하는 코드 예제다.

```
var query = `query PersonQuery($id: ID) {
    person(id: $id) {
        name,
        gender,
        homeworld {
            name
        }
    }
}`;

var variables = { id: 'cGVvcGxlOjE=' };
```

```
fetch('http://graphql-swapi.parseapp.com/', {
    method: 'post',
    headers: { 'Content-Type': 'application/json' },
    body: JSON.stringify({ query, variables })
}).then(resp => resp.json()).then(data => console.log(data));
```

여기서 PersonQuery 쿼리 이름은 선택사항이다. 쿼리 파라미터의 타입은 입력값으로 사용한 필드 인자의 타입과 일치시켜야 하며, 그렇지 않으면 해당 쿼리는 서버의 검사를 통과할 수 없다.

그 밖에 GraphQL 언어에서 필수적인 부분은 다음 예제에서 볼 수 있듯이 쿼리를 분할해 작성하는 기능이다.

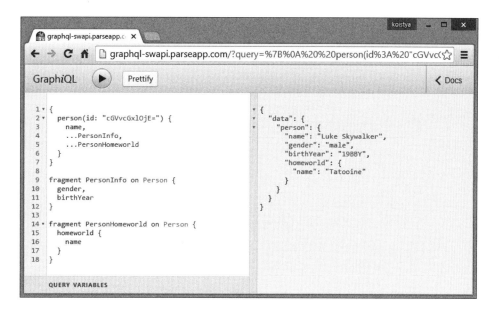

이는 여러 UI 컴포넌트의 데이터가 하나의 GraphQL 쿼리 작업으로 묶을 수 있는 분할된 쿼리 형태여야 하는 경우 아주 유용하다. 결과적으로 하나의 페이지(화면)에 있는 모든 UI 컴포넌트에 대한 데이터를 한 번의 HTTP 요청을 통해 서버에서 가져올 수 있다.

다음 예시에서 볼 수 있듯이, 동일한 쿼리에서 같은 필드를 각기 다른 인자를 통해 여러 번 조회하는 경우 필드 에일리어스[aliases]를 추가할 수도 있다.

```
{
    luke: person(id: "cGVvcGxlOjE=") {
        name,
        homeworld { name }
    },
    leia: person(id: "cGVvcGxlOjU=") {
        name,
        homeworld { name }
    }
}
```

다음과 같이 대응된다.

```
{
    "data": {
        "luke": {
            "name": "Luke Skywalker",
            "homeworld": { name: "Tatooine" }
        },
        "leia": {
            "name": "Leia Organa",
            "homeworld": { name: "Alderaan" }
        }
    }
}
```

다음 예제와 같이 @include나 @skip 지시문을 사용해 쿼리 결과에서 특정 필드를 동적으로 추가하거나 제외시킬 수 있다.

```
query($full: Boolean!) {
    person(id: "cGVvcGxlOjE=") {
```

```
        name,
        gender@include(if: $full),
        homeworld@include(if: $full) {
            name
        }
    }
}
```

이 쿼리의 $full 쿼리 변수를 false로 설정하고 호출하면 gender와 homeworld 필드는
쿼리 결과에서 제외된다.

책을 쓰는 시점의 GraphQL 명세에는 @include와 @skip 두 가지 지시문만 있으나, 지시
문이 더 추가되거나 변경될 수도 있다. 사용자 정의 지시문을 추가해 GraphQL 쿼리의
기능을 확장하는 방법도 있다.

▌ GraphQL 타입 체계

GraphQL의 중심에는 데이터 API 서버의 기능capability을 기술하고 쿼리의 유효성 여부를
판단하는 데 사용되는 타입 체계type system가 있다. GraphQL 쿼리의 각 수준level에 특정
타입을 적용해, 사용 가능한 필드가 무엇이고 그 필드에 어떤 인자를 적용할 수 있으며
이러한 필드에서 변환될 수 있는 타입에는 어떤 것이 있는지 표현한다.

GraphQL 서버의 기능은 서버의 스키마schema라고 하며, 지원되는 타입type과 지시문
directives 관점에서 정의된다. 모든 GraphQL 스카마의 기본 단위는 타입이다. GraphQL
에는 여덟 가지의 타입이 있으며 다음과 같다.

```
Scalar, Enum, Object, Interface, Union, List, Non-Null, Input Object
```

Scalar 타입은 기본값으로, GraphQL 스키마의 리프 노드를 표현한다. 다음 다섯 가지는 기본 스칼라 타입이다.

- Int: 부호가 있고 소수가 아닌 32비트 숫자
- Float: 부호가 있는 배정밀도double-precision 소수
- String: UTF-8 문자로 표현된 문자열
- Boolean: true나 false
- ID: String과 같은 방식으로 직렬화된 고유 식별자

Object 타입은 명명된 필드의 목록으로, 각각은 특정 타입을 갖는다. 객체는 데이터 트리의 구조에서 GraphQL 스키마의 중간 노드intermediate node를 나타낸다. 사용자 정의 객체 타입을 선언하는 경우 하나 이상의 필드를 지정해야 한다. 필드의 이름은 유일해야 하고 2개의 필드에 같은 이름을 지정하면 안 된다. 객체 필드는 인자를 가질 수 있으며, 각각은 스칼라나 복합 타입 같은 특정 타입을 가질 수 있다. 필드는 사용하지 않는 것으로 표시할 수 있다. Object 타입은 하나 이상의 Interface의 상위 집합super-set으로 표시할 수 있다. 이 경우에는 구현하는 Interface에 선언된 모든 필드를 포함해야 한다.

Interface 타입은 명명된 필드와 인자의 목록을 표현한다. GraphQL 객체는 Interface를 구현하고, 명시된 필드를 포함시켜야 한다.

Union은 GraphQL Object 타입 목록에 있는 항목들 중 하나가 될 수 있는 객체를 나타낸다. 필드가 해석되는 시점에 실제로 사용되는 타입을 결정하는 기능을 제공할 뿐만 아니라 가능한 타입을 기술하는 데 사용된다. Union을 사용한 쿼리는 프레그먼트fragment를 사용해 타입을 좁혀줌으로써 시간이 흐른 뒤 해당 타입 스키마가 진화되더라도 해당 쿼리가 동작하게 할 수 있다.

Enums는 Scalar 타입의 변형이며, 사용할 수 있는 값의 집합을 나타낸다. GraphQL은 Enum 값을 문자열처럼 직렬화한다. 하지만 내부적으로 Enums는 모든 종류의 타입(일반적으로 정수)으로 표현될 수 있다.

Input Objects는 필드 인자를 복합 타입으로 지정해야 하는 경우에 사용한다. Object 타입은 이때 사용하기에는 적합하지 않다. 왜냐하면 객체는 인터페이스와 Union을 참조하거나 순환 참조를 표현하는 필드가 포함될 수 있으며, 이 중 어떤 것도 입력 인자로 사용하기에는 적절하지 않기 때문이다. 이러한 이유로 Input Objects는 별도의 타입 체계를 갖는다. Object와 마찬가지로, 명명된 필드와 해당 형식(Scalars, Enums, 또는 기타 Input Objects)의 목록을 정의한다. 이렇게 하면 임의의 복합 구조^{complex struct}의 인자를 받을 수 있게 된다.

List와 Non-Null 타입은 타입 수정자^{modifier}다(GraphQL 스키마 언어 용어로 마커^{marker}라고도 함). 즉, 다른 타입 인스턴스를 래핑^{wrap}한다. 예를 들어, List<String> 또는 짧게 [String]은 컬렉션(목록) 타입이고 각 항목은 String 타입임을 나타낸다. NonNull<String> 또는 짧게 String!은 String 타입이며 null이 될 수 없음을 나타낸다. 이러한 타입을 조합하는 것도 가능하다. 예를 들어, NonNull<List<String>> 또는 짧게 [String]!은 컬렉션 타입으로 null이 될 수 없고 해당 컬렉션의 모든 항목은 String 타입임을 나타낸다.

 GraphQL 타입 체계에 관한 더 자세한 정보는 http://facebook.github.io/graphql/October2016/#sec-Types에서 확인한다.

다음은 사용자 정의 복합 타입을 표현하기 위해 기본 스칼라 타입을 사용한 예제다.

```
interface Node {
    id: ID!
}
type User implements Node {
    id: ID!,
    name: String,
    email: String,
    offers: [Offer]
}
```

```
type Offer implements Node {
    id: ID!,
    title: String,
    description: String,
    ...
}
enumOffersOrder {
    BEST_MATCH,
    NEAREST
}
```

 예제는 GraphQL 스키마 언어이며, GraphQL 명세를 사용해 작성된 일종의 의사코드다. 이
장의 뒷부분에서 자바스크립트로 사용자 정의 GraphQL 타입과 GraphQL 스키마를 정의하
는 방법을 다룬다.

이 예제의 Node는 Interface 타입이다. User와 Offer는 Node 인터페이스를 구현한
Object 타입이다. 또한 id 필드는 Non-Null<ID> 타입이다(기본 ID 타입에 Non-Null 래
퍼wrapper 타입). name과 email 필드는 모두 String 타입이고, offers 필드는 List<Offer>
타입이다(기본 Offer 타입의 List 래퍼 타입). OffersOrder는 Enum 타입이다.

이제 이 사용자 정의 타입으로 루트 쿼리root query(Object) 타입을 다음과 같이 정의한다.

```
type Query {
    viewer: User,
    offer(id: ID!): Offer,
    offers(first: ID, order: OffersOrder): [Offer]
}
```

끝으로, 이 루트 쿼리 타입과 변형mutation 및 구독subscription 타입을 선택적으로 사용해 다
음과 같이 GraphQL Schema 타입을 정의한다.

```
type Schema {
    query: Query
}
```

근본적으로 이 또한 GraphQL 스키마 인터페이스를 확인해야 하는 Object 타입이기 때문에, 적어도 query 필드를 선언해야 하며 mutation과 subscription 필드를 선택적으로 사용할 수 있다.

▌ Node.js로 GraphQL 서버 구현하기

지금까지 GraphQL 타입 체계에 관한 기본적인 내용을 살펴봤다. 더 나아가 이전 장의 프로젝트 파일을 활용해 간단한 GraphQL 서버를 구현해보자.

먼저 다음 npm 모듈을 설치한다.

```
$ npm install graphql express-graphql sequelize sqlite3 faker --save-dev
```

graphql 모듈에는 기본 데이터 타입과 쿼리 확인validation 및 실행 로직이 포함되어 있다. 이 모듈은 GraphQL 스키마 자체를 만드는 데 사용된다. express-graphql 모듈은 미들웨어로 Node.js나 익스프레스Express의 위에 놓이며, graphql npm 모듈로 생성한 GraphQL 스키마를 지원한다. 또한 HTTP 요청을 분석parsing하고, 유효한 GraphQL 응답을 HTTP로 전송한다. 그 밖에 GraphiQL IDE에서 웹 페이지를 렌더링할 수도 있다. Sequelize는 유명한 Node.js 기반 ORM으로, 데이터베이스 작업에 사용하면 코드의 장황함을 줄여준다. 끝으로, 다른 데이터베이스를 선호할 수도 있겠지만 SQLite 데이터베이스를 사용하며, 연결을 위한 Node.js 드라이버로 sqlite3 모듈을 사용한다. 그렇지 않고 PostgreSQL을 사용하고 싶다면 sqlite3를 pg와 pg-hstore npm 모듈로 교체하고, 애저Azure SQL 데이터베이스를 사용하려면 tedious 모듈로 교체한다.

이제 다음과 같이 data 폴더와 models, mutations, queries, types 하위 폴더를 만든다.

```
.
├── /data/
│   ├── /models/          # ORM 모델
│   ├── /mutations/       # GraphQL 수정
│   ├── /queries/         # GraphQL 쿼리
│   ├── /types/           # 사용자 정의 GraphQL 타입
│   └── /schema.js        # GraphQL 스키마
├── /server.js            # Node.js/익스프레스
└── /package.json         # 의존성 목록, 프로젝트 설정
```

다음과 같이 GraphQL 스키마 객체를 내보내는 data/schema.js 파일을 만든다(지금은 비어 있으며, 실제 스키마는 잠시 후 생성한다).

```javascript
import { GraphQLSchema as Schema } from 'graphql';

const schema = new Schema({
    // TODO: 스키마 구성 추가
});

export default schema;
```

다음과 같이 server.js 파일을 수정하여 express-graphql 미들웨어 라이브러리를 통해 http://localhost:3000/graphql URL에 마운트된 HTTP 엔드포인트로 GraphQL 스키마를 노출한다.

```javascript
import graphql from 'express-graphql';
import schema from './data/schema';
...
app.use('/graphql', graphql({
    schema,
    graphiql: true,
    pretty: process.env.NODE_ENV !== 'production'
}));
```

express-graphql 모듈의 옵션을 모두 확인하려면 https://github.com/graphql/
express-graphql을 참조하자.

이제 실제로 GraphQL 스키마를 다뤄볼 수 있게 됐다. SQL 데이터베이스를 지원하는
GraphQL 서버를 어떻게 만드는지 살펴보기에 앞서, Hello World 예제를 먼저 만들어
보자. 다음은 GraphQL 서버에서 제공되는 쿼리와 응답이다.

GraphQL 쿼리	GraphQL 응답

``
{
    greeting
}
``
	``
	{
	    data: {
	        greeting: "Welcome, Guest!"
	    }
	}
	``

GraphQL 쿼리	**GraphQL 응답**

``
{
    greeting(name: "John")
}
``
	``
	{
	    data: {
	        greeting: "Welcome, John!"
	    }
	}
	``

greeting 필드에 필요한 데이터를 서버에 요청하고, name 인자는 선택적으로 전달한다.
서버에서는 결과로 텍스트 문자열을 반환하거나, 해당 쿼리에 오타가 있다면 오류를 반
환한다.

GraphQL 스키마 언어로 해당 시나리오를 지원하는 스키마를 나타내면 다음과 같다.

```
typeQuery {
    greeting(name: String): String
}
type Schema {
    query: Query
}
```

자바스크립트로 변환하려면 data/schema.js 파일을 다음과 같이 수정한다.

```
import {
    GraphQLSchema as Schema,
    GraphQLObjectType as ObjectType,
} from 'graphql';

import greeting from './queries/greeting';

const schema = new Schema({
    query: new ObjectType({
        name: 'Query',
        fields: {
            greeting
        }
    })
});

export default schema;
```

추가로, data/queries/greeting.js 파일을 만든다. 여기는 다음과 같이 루트 쿼리에 사용된 greeting 필드의 데이터 타입과 지원되는 인자 및 조회 시 반환돼야 하는 필드가 기술된다.

```
import { GraphQLString as StringType } from 'graphql';

const greeting = {
    type: StringType,
    args: {
        name: { type: StringType },
    },
    resolve(_, { name }) {
        return `Welcome, ${name || 'Guest'}!`;
    },
```

```
};

export default greeting;
```

모든 것을 정확하게 완료했다면, 이제 서버를 시작하고(콘솔 창에서 npm start 명령어를 실행해), 다음과 같이 GraphiQL IDE에 표시되는 http://localhost:3000/graphql 웹 페이지를 살펴본다.

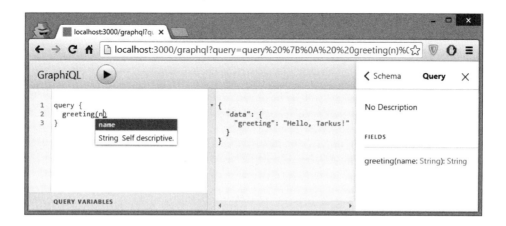

왼편에 GraphQL 쿼리를 입력하고 Ctrl + Enter를 누르면, 해당 쿼리의 결과가 화면 중앙에 표시되고, 화면 우편에 만든 스키마를 기반으로 자동 생성된 문서 브라우저가 표시된다.

다음 코드를 통해 동일한 쿼리를 미들웨어로 전달하여 실행할 수도 있다.

```
import { graphql } from 'graphql';
import schema from './data/schema';

graphql(schema, '{ greeting(name: "Tarkus") }')
    .then(result => console.log(result));

// =>{ data: { greeting: 'Welcome, Tarkus!' } }
```

HTML 마크업 문자열에 있는 리액트 앱을 렌더링하기 전에 데이터를 가져와야 하는 경우, 이렇게 하면 서버 측 렌더링 과정에서 쉽게 처리할 수 있다.

다음 예시에서 보여주는 것처럼 모든 필드와 인자에 설명description을 추가해 GraphQL 스키마를 개선할 수도 있다.

```
const greeting = {
    type: StringType,
    description: 'Generates a welcome message',
    args: { name: StringType, description: 'First name' },
    resolve(_, { name }) { ... }
};
```

resolve 메소드는 다음과 같이 Promise 객체를 반환할 수 있다.

```
const greeting = {
    ...,
    resolve(_, { name }) {
        return new Promise(resolve =>
            setTimeout(resolve.bind(`Welcome, ${name}!`, 3000);
        });
    }
};
```

이 메소드는 런타임에 실제 값으로 정확히 해석된다. 이러한 방법은 GraphQL 필드의 resolve 메소드 내에 비동기 코드를 작성해야 할 때 사용할 수 있다.

▌GraphQL 서버에서 SQL 데이터 저장소 사용하기

이제 GraphQL 서버에서 SQLite 데이터베이스와 Sequelize ORM을 사용하는 방법에 관해 살펴보자. ORM^{object-relational mapper}(객체 관계형 매퍼) 라이브러리를 통해 SQL 데이터에 접근할 수 있으며, 빠르게 개발할 수 있다는 특징이 있다. 가장 중요한 부분은 ORM을 사용하더라도 필요한 경우 원시 SQL 쿼리를 작성할 수 있다는 점이다.

먼저 다음과 같이 data/sequelize.js 파일을 작성해 새로운 Sequelize 클라이언트 인스턴스를 초기화한다.

```
import Sequelize from 'sequelize';

const sequelize = new Sequelize('sqlite:database.sqlite', {
    define: { freezeTableName: true }
});

export default sequelize;
```

다음으로 앱에서 사용할 각각의 비즈니스 엔티티^business entity 데이터 모델을 만든다. 예를 들면, User 엔티티는 다음(data/model/User.js)과 유사한 모델이 될 수 있다.

```
import DataType from 'sequelize';
import Model from '../sequelize';

const User = Model.define('User', {
    id: {
        type: DataType.INTEGER,
        primaryKey: true,
        autoIncrement: true
    },
    email: { type: DataType.TEXT, validate: { isEmail: true } },
    password: { type: DataType.TEXT },
    displayName: { type: DataType.TEXT }
});

export default User;
```

Offer 엔티티는 다음(data/models/Offer.js)과 같은 구조가 될 수 있다.

```
import DataType from 'sequelize';
import Model from '../sequelize';

const Offer = Model.define('Offer', {
    id: {
        type: DataType.INTEGER,
        primaryKey: true,
        autoIncrement: true
    },
    slug: { type: DataType.TEXT },
    name: { type: DataType.TEXT },
    priceHourly: { type: DataType.REAL },
    priceDaily: { type: DataType.REAL },
    priceWeekly: { type: DataType.REAL }
});

export default Offer;
```

그 밖에 비즈니스 엔티티(Tag, Reservation, Notification 등)도 이와 마찬가지로 만들 수 있다. 데이터 모델을 모두 정의한 후, 모델 사이에 적절한 관계(연결) 설정을 통해 모두 연결해준다. 다음 코드 예제처럼 별도의 파일(data/models/index.js)로 처리해주는 것이 좋다.

```
import User from './User';
import Offer from './Offer';

Offer.belongsTo(User, { as: 'author' });
User.hasMany(Offer, { as: 'offers', foreignKey: 'authorId' });

export { User, Offer };
```

이 파일은 앱에서 사용할 수 있는 모델을 모두 내보내 주기 때문에, 다음과 같이 GraphQL 스키마 파일에서 참조할 수 있다.

```
import { User, Notification } from '../models';
```

한 가지 더 처리해야 할 사항은 Node.js 서버가 시작될 때 데이터베이스에 연결되도록 설정하는 코드를 추가하고, 필요에 따라 데이터베이스에 가짜 데이터나 또는 테스트 데이터를 입력하는 것이다. 다음은 잘 알려진 faker 라이브러리를 통해 처리하는 방법이다. 먼저 다음과 같이 data/models/index.js 파일에 sync( )를 추가한다.

```
import faker from 'faker';
import sequelize from '../sequelize';
import User from './User';
import Offer from './Offer';
...

// 관계(연결) 설정
Offer.belongsTo(User, { as: 'author' });
User.hasMany(Offer, { as: 'offers', foreignKey: 'authorId' });
...

// db 스키마와 데이터 모델 동기화
async function sync(options) {
    awaitsequelize.sync(options);
    if (options.force) {
        // 가짜 사용자 생성
        for (let i = 0; i < 50; i++) {
            const firstName = faker.name.firstName();
            const lastName = faker.name.lastName();
            awaitUser.create({
                email: faker.internet.email(firstName, lastName),
                password: faker.internet.password(),
                displayName: faker.name.findName(firstName, lastName)
```

```
        });
        ...
      }
    }
  }
}

export { default as { sync }, User, Offer, ... };
```

다음으로 이 파일을 server.js에서 불러온 후, 데이터베이스에 연결되는 경우에만 Node.
js 서버를 시작하는 app.listen( ) 함수가 실행되게 한다.

```
import express from 'express';
import graphql from 'express-graphql'
import models from './data/models';
...
models.sync({ force: process.env.NODE_ENV !== 'production' })
    .catch(err => console.error(err.stack))
    .then(() => {
        app.listen(port, () => console.log(
            `Node.js server is listening at http://localhost:${port}/`
        ));
    });;
```

force 플래그는 Sequelize에게 데이터베이스에 연결된 직후, 데이터베이스 스키마와 데이터 모델을 비교해 차이가 나는 테이블을 드롭^{drop}한 후 다시 만들고, 참조(또는 가짜) 데이터를 데이터베이스에 등록해야 한다는 것을 알려준다. 이 플래그는 상용 환경에서는 사용해서는 안 되므로 사용에 각별히 주의해야 한다.

Sequelize 데이터 모델을 만들고 나면, 다음으로 ORM 데이터 모델과 비슷하지만 완전히 동일하지는 않은 GraphQL 타입을 만든다. 예를 들어, User 데이터 모델에는 해당 User 타입에 노출돼서는 안 되는 password 필드가 포함되어 있다. 다음과 같이 Offer 엔티티용 GraphQL 타입의 data/types/UserType.js 파일을 만들어보자.

```
import {
    GraphQLID as ID,
    GraphQLObjectType as ObjectType,
    GraphQLString as StringType,
    GraphQLNonNull as NonNull
} from 'graphql';

const UserType = new ObjectType({
    name: 'User',
    fields: {
        id: { type: new NonNull(ID) },
        email: { type: StringType },
        displayName: { type: StringType }
    }
});

export default UserType;
```

GraphQL 스키마 언어로 하면 다음 타입에 해당한다.

```
type User {
    id: ID!,
    email: String
    displayName: String
}
```

이제, 다음과 같이 루트 쿼리의 viewer 필드에 관한 data/queries/viewer.js 파일을 만들어보자.

```
import User from '../models/User';
import UserType from '../types/UserType';

const viewer = {
    type: UserType,
```

```
    resolve({ user }) {
        returnUser.findById(user && user.id);
    }
};

export default viewer;
```

그리고 다음과 같이 data/schema.js에서 참조한다.

```
import viewer from './queries/viewer';
import greeting from './queries/greeting';

const schema = new Schema({
    query: new ObjectType({
        name: 'Query',
        fields: {
            viewer,
            greeting
        }
    })
});
```

여기서 잠깐, user 변수는 어디서 왔을까? 자바스크립트에서 GraphQL을 구현하면 rootValue 같은 루트값을 쿼리 필드 처리기^{resolver}에 전달할 수 있다. 예를 들면, 이 값을 resolve(rootValue, args) { ... }와 같이 최상위 쿼리 필드의 resolve() 메소드의 첫 번째 인자로 전달하거나, resolve(parent, args, {rootValue }) { ... }와 같이 세 번째 인자로 전달해 자식 쿼리에서 사용할 수도 있다.

다음과 같이 server.js 파일을 수정해 rootValue 객체를 설정해보자.

```
app.use('/graphql', graphql({
    schema,
    rootValue: { user: 1 },
    graphiql: true,
```

```
    pretty: process.env.NODE_ENV !== 'production'
}));
```

지금은 쿼리 처리기로 전달하기 위한 루트값으로 { user: { id: 1 } } 객체를 하드코딩한다. 여기서 user는 현재 로그인한 사용자의 정보를 포함해야 하며, 인증 토큰에서 디코딩된다(더 자세한 내용은 8장 '인증 및 권한 부여'에서 다룬다).

모두 정상적으로 처리됐다면 GraphQL 서버를 통해 현재 로그인한 사용자의 정보를 조회할 수 있다.

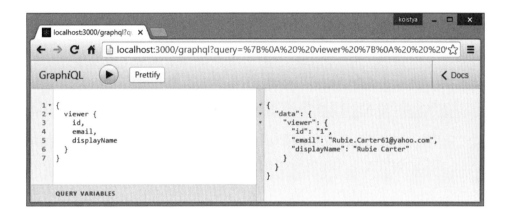

루트 쿼리의 offer 필드는 다음과 같다.

```
import {
    GraphQLID as ID,
    GraphQLNonNull as NonNull
} from 'graphql';

import Offer from '../models/Offer';
import OfferType from '../types/OfferType';

const offer = {
    type: OfferType,
    args: { id: { type: new NonNull(ID) } },
```

```
    resolve(_, { id }) {
        returnOffer.findById(id);
    }
};

export default offer;
```

아쉽게도 더 이상의 내용은 이 책의 범위를 벗어나므로 다루지 않는다. 하지만 이 장을 마치기 전에 중첩[nested]과 재귀[recursive] 쿼리의 최적화 방법에 대해 살펴보겠다.

▌ 배치와 캐시하기

가장 쉽게 중첩과 재귀 쿼리를 최적화하는 방법은 캐시[cache]와 배치[batch]를 사용하는 것이다. 그 밖에도 필드의 AST를 사용해 쿼리를 최적화하는 방법이 있지만 복잡하다.

User 타입의 viewer 필드가 있다고 해보자. 여기에 List<Offer> 타입의 viewedOffers 필드가 포함될 수 있고, 다시 이 목록에 있는 각 offer는 User 타입의 author 필드를 가질 수 있다고 하자. 이 viewer 필드는 다음과 같이 쿼리할 수 있다.

```
{
    viewer {
        displayName,
        viewedOffers(first: 10) {
            title,
            author {
                displayName
            }
        }
    }
}
```

180

이 쿼리는 현재 로그인한 사용자는 물론 각 오퍼에 대한 작성자 정보와 함께 최근에 본 사용자 오퍼(광고) 목록을 반환한다. 이 쿼리를 실행하기 위해 GraphQL 서버는 요청된 사용자와 광고 객체당 한 번씩 다음 SQL 요청을 데이터베이스로 과도하게 보낼 것이 분명하다(얼마나 많은 작성자가 동일한 사용자 ID를 사용하는지 여부와 관계없이).

```
SELECT ... FROM User WHERE id = ?
SELECT ... FROM Offer WHERE id = ?
```

다행히도 다음과 같이 관련이 있는 SQL 요청들을 묶어주는 간단한 방법이 존재한다.

```
SELECT ... FROM User WHERE id IN (?, ?, ?)
```

Node의 process.nextTick( ) 기능을 기반으로 하고 있으며 페이스북에서 사용하고 있다. 다음은 동작 방식이다. viewer 필드의 resolve( ) 메소드 내에서 User.findById(...)를 직접 호출하는 대신 User 모델에 .load(id) 메소드를 추가해 확장해보자. 이는 .findById(...)와 유사하게 동작하지만, (User.findAll({ where: { id: [1, 2, 3] } }) 을 호출해) SQL 요청을 배치batch 처리하는 것이 핵심이다.

data/models/User.js를 다음과 같이 수정한다.

```
const batch = { keys: new Set(), task: null };

const User = Model.define('User', {
    ...
}, {
    classMethods: {
        load(id) {
            if (!batch.keys.size) {
                batch.task = new Promise((resolve, reject) => {
                    process.nextTick(() => {
                        this.constructor.prototype.findAll.call(this, {
```

```
                             where: { id: Array.from(batch.keys) }
                      }).then(data => {
                             batch.keys.clear();
                             resolve(data);
                      }, reject);
                });
            });
        }
        batch.keys.add(id);
        returnbatch.task.then(data => data.find(x => x.id === id));
    }
  }
});
```

이제, data/queries/viewer.js 파일을 다음과 같이 수정해 User.findById(...) 대신
User.load(...) 메소드를 사용할 수 있게 한다.

```
const viewer = {
    type: UserType,
    resolve({ user }) {
        returnUser.load(user && user.id);
    }
};
```

그리고 이 외에도 user 객체를 ID로 조회하는 스키마에 대해서는 모두 동일하게 수정한
다(예를 들면, author 필드의 resolve() 메소드 내부). 이는 동일 GraphQL 쿼리가 실행되는
과정에서 User.load(id) 메소드가 실제로 호출되는 횟수와 상관없이 한 번의 SQL 요청
으로 모든 user 객체를 가져오게 된다. 그 밖에도 데이터베이스 엔티티에서 조회한 내용
을 메모리(또는 Redis)에 캐시[cache]하기가 쉬워지며 쿼리 수행 과정을 더욱 최적화할 수 있
다. 다음과 같이 사용한다.

```
User.load(id, { cache: true });
```

DataLoader 라이브러리에서 GraphQL 스키마를 최적화하는 데 사용할 수 있는 배치와 캐시를 지원한다. 하지만 그럼에도 배치와 캐시가 어떻게 처리되는지 이해하는 것은 중요하다.

▌ 요약

페이스북 엔지니어들은 GraphQL을 사용해 모두가 동의하는 클라이언트와 서버 간의 명확한 경계를 두어야 한다는 아주 멋진 아이디어를 발전시켰다. 그 결과 낮은 결합도^{low coupling}와 높은 응집도^{high cohesion}를 갖게 됨으로써 이 두 영역을 독립적으로 만들고 확장하는 것이 가능해졌다.

동형이 서버와 클라이언트 간 코드를 공유하는 것만을 의미하지는 않는다. 이를 넘어선 것으로, 예를 들면 GraphQL 서버를 통해 동일한 데이터 API 엔드포인트를 웹 앱과 각기 다른 버전의 모바일 앱에 모두 제공함으로써 들어가는 시간과 노력을 절약할 수 있다.

6장을 완료한 지금은 GraphQL 쿼리를 작성하고 실행하는 방법과 GraphiQL IDE를 통해 조회 API를 사용하고 서버에 있는 graphql(...) 메소드를 직접 호출하는 방법을 알게 됐다. 또한 GraphQL 타입 체계와 스키마 언어에 익숙해졌다. SQL 데이터 저장소를 지원하는 사용자 정의 GraphQL 스미카를 만들고, Sequelize ORM과 GraphQL 자바스크립트 참조 라이브러리를 사용할 수 있게 됐다. 끝으로, 많은 부하에도 잘 동작하도록 스키마를 최적화하는 방법에 관한 아이디어도 갖게 됐다.

7장에서는 동형 웹 앱 관점에서 라우팅과 내비게이션에 관한 부분을 자세히 살펴본다. 서버와 클라이언트에서 재사용할 수 있는 경로를 정의하고, 적절한 인증과 확인을 통해 보호될 것이므로 애플리케이션이 수정되는 동안에도 중단되지 않는다.

07

라우팅과
내비게이션 구현하기

애플리케이션에서 가장 중요한 부분은 라우팅이다. 서버 측 라우팅은 역사가 깊다. 클라이언트는 URL을 통해 무언가를 요청하고 서버는 요청된 리소스를 반환해준다. 정적 리소스를 그대로 반환하거나, 복잡한 로직을 수행해 외부의 자산을 수집하고 클라이언트에서 보여주기 위한 최종 데이터를 만들어낸다. 이러한 방법은 기술마다 크게 다를 수 있지만, 웹 프레임워크는 모두 서버 측 라우팅 방식을 갖고 있다.

클라이언트 측 라우팅은 최신 기술이다. **싱글 페이지 애플리케이션**^{SPA, single-page application}이 웹 개발에서 비중이 늘어나면서 클라이언트 측 라우팅이 내비게이션 속도를 증가시키고 사용자의 경험을 좋게 하는 것으로 나타났다. 클라이언트에 다음 화면^{view}으로 내비게이션하는 코드가 이미 존재하므로 실행할 준비가 되어 있었다. 하지만 여기에 비용이 전혀 안 드는 것은 아니다. 만약 다량의 데이터가 전송되고 이 데이터에 대한 최초 렌더링이 완료될 때까지 기다리게 된다면 초기 로딩에 오버헤드가 존재하게 된다. 이 부분을 정확하게 처리해주지 않는다면 페이지의 성능에 영향을 줄 수 있다.

주위에서 볼 수 있는 다양한 자바스크립트 라이브러리에서 클라이언트 측 라우팅을 관리한다. 예를 들어 router.js(https://github.com/tildeio/router.js)와 crossroads.js(https://github.com/millermedeiros/crossroads.js)는 프레임워크와 무관한 라이브러리지만, 그 밖의 라이브러리는 그렇지 않다. **리액트 라우터**[React Router](https://github.com/ReactTraining/react-router)는 리액트에서 사용하고, 앵귤러[Angular] 1, 2는 자체 라우터가 있다. vue는 vue-router(https://github.com/vuejs/vue-router)를 갖고 있다. 그 밖에도 더 많은 라이브러리가 있다.

자바스크립트 렌더링 로직을 클라이언트에 두면 마크업 변경이 간단하며 내비게이션이 좀 더 빨라진다. 또한 해당 마크업에 더 많은 정보를 추가해야 하는 경우, 선택적으로 서버를 호출할 수 있다.

서버에서 라우팅을 처리하는 방법과 클라이언트에서 라우팅을 처리하는 방법은 다양하게 존재한다. 하지만 동형 애플리케이션에서는 서버와 클라이언트에서 모두 재사용할 수 있는 라우팅을 정의하기 위한 단일된 방법이 있어야 한다.

7장에서 다루는 내용은 다음과 같다.

- 익스프레스 서버 라우팅
- 리액트 라우터 클라이언트 라우팅
- 동형 라우팅
- 초기 데이터가 있는 동형 라우팅

▌ 서버 라우팅

기본적인 서버 라우팅을 살펴보자. 모든 웹 프레임워크는 서버에 라우팅을 정의하기 위한 방법이 있다. 라우팅은 애플리케이션 엔드포인트(URI)에 대한 정의^{definition}와 클라이언트 요청에 응답하는 방법을 나타낸다.

이 메커니즘은 HTML을 반환하는 것처럼 단순할 수도 있고, 그게 아니고 클라이언트에서 데이터를 받아서 검사하고 사용자 인증 및 권한을 확인하고 복잡한 비즈니스 로직을 실행한 후 정확한 응답을 회신하는 것과 같이 복잡할 수도 있다.

서버 측 라우팅 예제는 익스프레스^{Express}를 사용한다. 노드 생태계에서 아주 잘 알려진 웹 프레임워크 중의 하나로, Node로 웹 애플리케이션 작업을 해봤다면 들어본 적이 있을 것이다. 그 밖에 인기 있는 프레임워크로는 Hapi나 Koa가 있다. 이 책에 나오는 모든 예제는 이러한 프레임워크를 통해 쉽게 개발할 수 있다.

소개는 여기까지 하고 코딩을 시작해보자.

package.json에는 다음 종속성이 포함돼야 한다(이 장을 진행하기 위해 필요함).

```
"dependencies": {
    ...
    "express": "4.15.4",
    "react": "16.0.0",
    "react-redux": "5.0.6",
    "react-router": "4.2.0",
    "react-router-config": "1.0.0-beta.4",
    "react-router-dom": "4.2.2",
    "redux": "3.7.2"
    ...
}
```

익스프레스 라우팅

익스프레스의 라우팅 메소드는 HTTP 메소드에서 파생됐고 express 클래스의 인스턴스에 추가됐다.

다음은 앱의 루트(/)를 바라보는 GET 방식과 POST 방식의 라우팅 예제다.

```
var express = require('express')
var app = express()

// GET 방식 라우팅
app.get('/', function (req, res) {
    res.send('GET request to the homepage')
})

// POST 방식 라우팅
app.post('/', function (req, res) {
    res.send('POST request to the homepage')
})
```

app.route()를 사용해 라우팅 경로에 대한 연쇄 라우팅 핸들러를 만들 수 있다. 해당 경로는 한곳에 지정되므로 중복과 오타를 줄일 수 있는 모듈 방식의 경로를 만드는 것이 좋다.

다음은 라우터 모듈을 생성한 후 미들웨어를 로드하고 경로를 정의한 다음, 기본 앱의 경로에 라우터 모듈을 마운트하는 예제다.

```
// router.js
var express = require('express')
var path = require('path')
var router = express.Router()

// 라우터에서 사용하는 미들웨어
router.use(function timeLog(req, res, next) {
    console.log('Time: ', Date.now())
```

```
    next()
})

// HTML 파일을 전송하는 홈페이지 경로 정의
router.get('/', function (req, res) {
    res.sendFile(path.join(__dirname + '/index.html'));
    //__dirname: 자신의 프로젝트 폴더로 해석된다.
});

// 홈페이지 정보(about) 경로 정의
router.get('/about', function (req, res) {
    res.send('About me')
})

// URL에 파라미터(params) 사용
router.get('/books/:bookId', function (req, res) {
    res.send(req.params)
})

// 경로에 정규 표현식 사용
router.get(/.*author$$/, function (req, res) {
    res.send('/.*author$/')
})

module.exports = router
```

ID나 특정 URL, 정규식을 통해 다양한 방법으로 경로를 정의할 수 있다는 사실을 알 수 있으며, 이러한 경로는 요청이 들어올 때 용도에 맞게 결정된다.

다음 단계는 익스프레스 앱에서 모듈 라우터를 사용하는 것이다.

```
var express = require('express')
var path = require('path')

var app = express()
var router = require('router') // 바로 앞에서 생성한 라우터
```

```
app.use(router);

app.listen(3000, function () {
    console.log('Express server running at localhost: 3000')
});
```

이제 라우터에 정의된 모든 경로는 애플리케이션에서 동작한다.

지금까지 익스프레스 같은 특정 웹 서버의 서버 측 라우팅 동작 방식에 관한 아주 기본적인 예를 들었으며, 여기에 포함된 개념은 모든 웹 프레임워크에서 비슷하다.

이 책에서는 이러한 종류의 라우팅을 사용하지는 않겠지만(동형이 아니므로) 비동형 방식으로 동작하는 방식도 알아두는 것이 좋다.

이제, 클라이언트 측 라우팅에 대해 살펴보자.

▎ 클라이언트 라우팅

클라이언트 측 라우팅은 현재 뷰의 상태뿐만 아니라 그 밖에 나머지 뷰의 내비게이션까지 관리하기 위해, 클라이언트에 있는 자바스크립트 기능과 상태를 사용하기 시작하면서 등장했다.

클라이언트 측 라우팅의 장점은 빠르다는 것이며, 뷰를 렌더링하는 코드와 데이터까지 갖고 있다면 정말 순식간이다. 단점은 현재 뷰와 다음 뷰를 탐색하기 위한 코드를 로드해야 하기 때문에 처음에 코드를 불러오는 속도가 느리다는 것이다. 늘 그렇듯 최고의 사용자 경험을 얻기 위해서는 각 상황별로 적절하게 선택하는 것이 중요하며, 필요하다면 혼용할 수 있다.

해시와 히스토리 API

해시 히스토리^{hash history}는 구형 브라우저(인터넷 익스플로러 8, 9)에서 동작하며, 아무런 서버 구성도 필요치 않다. 경로를 정의하기 위해 example.com/#/home과 example.com/#/about처럼 URL에 해시를 사용한다.

애플리케이션이 브라우저의 히스토리^{History} API를 지원하지 않는 오래된 브라우저에서 동작할 필요가 없다면, 그리고 서버 구성이 가능하다면 이상적인 방법은 example.com/path와 같은 모양의 실제 URL을 생성하는 브라우저 히스토리 설정^{browser history setup}을 사용하는 것이다.

브라우저 히스토리 API 설정을 통해 실제 URL처럼 보이는 URL을 생성할 수 있다. dom window 객체는 히스토리 객체를 통해 브라우저의 히스토리에 접근할 수 있게 해준다. 또한 유용한 메소드와 속성을 제공함으로써, 다음과 같이 사용자의 히스토리를 통해 앞뒤로 이동할 수 있고, HTML5에서는 히스토리 스택의 내용을 조작할 수도 있다.

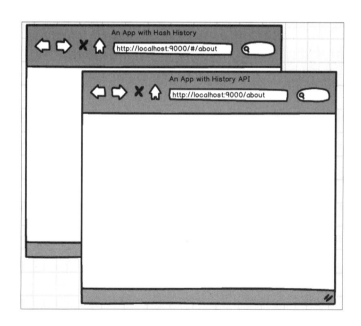

API 사용 예제는 다음과 같다.

```
// 히스토리를 사용해 뒤로 이동:
window.history.back();
window.history.forward();

// 사용자가 브라우저 툴바의 '뒤로' 버튼이나 '앞으로' 버튼을 각각 클릭한 것처럼 동작한다.

// go() 메소드를 사용해 현재 페이지(현재 페이지의 상대 인덱스는 0)에 대한 상대 위치로 식별되는 세션
기록으로부터 특정 페이지를 로드할 수 있다.

// 한 페이지 뒤로 이동하기(back() 호출에 해당됨)
window.history.go(-1);
// 한 페이지 앞으로 이동하기(forward() 호출에 해당됨)
window.history.go(1);
```

여기까지는 API를 통해 할 수 있는 아주 일반적인 동작이다. 이제, 히스토리 스택을 확인
하고 상태를 추가[push] 및 대체[replace]하는 기능을 살펴보자.

```
// length 속성값을 통해 히스토리 스택의 페이지 수를 확인한다.
var numberOfEntries = window.history.length;

// HTML5에서 history.pushState()와 history.replaceState() 메소드가 추가됐으며, 히스토리
// 항목들을 추가하고 수정할 수 있다. 이러한 메소드는 window.onpopstate 이벤트와 함께 동작한다.
var stateObj = { foo: "bar" };
history.pushState(stateObj, "page 3", "bar.html");

// pushState()의 파라미터 세 가지: 상태 객체, 페이지 타이틀(현재는 무시), URL(선택적)

// 상태 객체: pushState()에서 생성한 새로운 히스토리 항목과 연결된 자바스크립트 객체
// 페이지 타이틀: 나중에 사용하게 될 항목으로 무시
// URL: 새로운 히스토리 항목의 URL을 전달함

history.replaceState(stateObj, "page 3", "bar2.html");
```

리액트에서 상태 변경은 다음과 같다.

```
// 활성 히스토리 항목이 변경될 때마다 popstate 이벤트가 window로 전달된다.
// 활성화된 히스토리 항목이 pushState를 호출해 만들어졌거나 replaceState 호출에 영향을
// 받았다면 popstate 이벤트의 state 속성에는 히스토리 항목의 상태 객체의 사본이 포함된다.
window.onpopstate = function (event) {
    console.log("location: " + document.location + ", state: " +
        JSON.stringify(event.state));
};

history.pushState({ page: 1 }, "title 1", "?page=1");
history.pushState({ page: 2 }, "title 2", "?page=2");
history.replaceState({ page: 3 }, "title 3", "?page=3");
history.back(); // log: "location: http://example.com/example.html?page=1, state:
{ "page": 1 } "
history.back(); // log: "location: http://example.com/example.html, state: null
history.go(2); // log: "location: http://example.com/example.html?page=3, state:
{ "page": 3 }
```

클라이언트 라우팅을 사용한 이 애플리케이션에서 사용자가 중첩된 URL을 탐색한다면 어떤 일이 일어나겠는가?

이 URL은 동적으로 브라우저에서 생성된다. 또한 서버에 있는 실제 경로와 일치하지 않으며 URL은 모두 항상 첫 번째 요청에 서버로 도달하므로 "Page Not Found(404)" 오류를 반환하게 된다. 바로 여기가 서버 측 렌더링이 등장할 시점이다.

하지만 그 전에 클라이언트에서 리액트를 통해 브라우저 히스토리 API를 사용하는 방법을 먼저 살펴보자.

리액트 라우팅

여기서는 리액트 라우터$^{React\ Router}$ 한 가지만 살펴보겠지만, 그 밖에도 다음과 같은 다양한 선택지가 있으니 확인해 도움을 받을 수 있기를 바란다.

- **react-router-component**(https://github.com/STRML/react-router-component)
- **react-mini-router**(https://github.com/larrymyers/react-mini-router)
- **Universal Router**(https://www.kriasoft.com/universal-router/)
- **router5**(http://router5.github.io/)
- **next.js**(https://github.com/zeit/next.js/)

이 장에서는 리액트 라우팅을 다루기 위해 가장 대중적인 리액트 라우터(https://github.com/ReactTraining/react-router) 패키지 버전 4를 사용한다. 버전 4는 최근에 배포됐으며, 세 번째 버전과 비교하면 많은 변경사항이 포함되어 있다. 따라서 최신으로 업데이트된 네 번째 버전을 사용한다. 버전 4에서 변경된 사항은 다음 경로에서 확인할 수 있다.

https://github.com/ReactTraining/react-router/blob/master/CHANGES.md

리액트 라우터에 대한 공식적인 설명은 다음과 같다.

리액트 라우터는 UI와 URL을 동기화해준다. 지연 코드 로딩, 동적 경로 매치, 위치 전환 처리 같은 단순하면서도 강력한 기능의 API를 제공한다.

간단한 클라이언트 라우팅 예제로 시작해보자. 이러한 방법으로 클라이언트 측 라우팅의 동작 방식을 알아본 후 서버까지 확장해본다.

```
// client.js

import React from 'react'
import { render } from 'react-dom'
import { BrowserRouter } from 'react-router-dom'

import App from './modules/App'

render((
    <BrowserRouter>
        <App/>
```

```
    </BrowserRouter>
), document.getElementById('app'));
```

애플리케이션에서 사용하게 될 이 라우터의 이름은 BrowserRouter이다. 리액트 라우터를 확장한 컴포넌트이며, 히스토리 API를 사용하는 라우터다.

리액트 라우터에서는 필요에 따라 다음과 같은 여러 가지 라우터 유형을 제공한다 (https://reacttraining.com/react-router/web/api/).

- HashRouter: URL과 UI를 동기화하기 위해 URL의 해시(window.location.hash)를 사용한다.
- StaticRouter: 사용자 클릭이 없고 실제 경로가 변경되지 않는(예: 리다이렉션) 서버 측 렌더링 시나리오에 유용하다. 또한 경로를 추가하고 렌더링 출력에 어설션assertion을 해야 하는 경우처럼 간단한 테스트에 사용할 수 있다.
- MemoryRouter: 메모리에 URL 히스토리를 유지해준다(주소 표시줄address bar을 읽거나 쓰지 않음). 테스트와 브라우저가 없는non-browser 환경에서 유용하다.

이 경로는 애플리케이션 파일에 존재하지만 원하는 곳 어디에서나 사용할 수 있다.

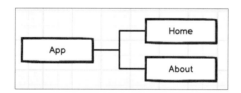

```
// App.js
import React from 'react'
import { Link } from 'react-router-dom'
import { Route } from 'react-router'
import Home from './Home'
import About from './About'
```

```
export default class extends React.Component {
    render() {
        return (
            <div>
                <h1>Simple Navigation</h1>

                <nav>
                    <ul>
                        <li><Link to="/">Home</Link></li>
                        <li><Link to="/about">About</Link></li>
                    </ul>
                </nav>

                <Route exact path="/" component={Home} />
                <Route path="/about" component={About} />

            </div>
        )
    }
}
```

이 예제에는 2개의 경로가 있다. 하나는 Home 컴포넌트용 "/" 경로이며, 다른 하나는 About 컴포넌트용 "/about" 경로다.

이전 버전의 리액트 라우터에서는 Home만 렌더링됐는데, 그 이유는 매치되는 첫 번째 경로로 선택됐기 때문이다. 버전 4에서는 지정된 모든 경로를 렌더링하기 때문에, 첫 번째 경로에 exact 속성이 없는 경우 두 컴포넌트를 모두 렌더링한다. 이 예제에서는 정확하게 해당 경로가 매치돼야만 Home 컴포넌트가 렌더링된다.

이 예제에서는 react-router를 사용한 클라이언트 측 라우팅을 설명한다. 리액트 라우터를 자세하게 설명하는 것이 목표는 아니지만, 서버에서의 확장성을 설명하기 위해 서버에서 이와 같은 경로를 관리하는 방법을 설명한다.

리액트 서버 렌더링

리액트에서는 서버 측 렌더링을 하는 경우에 특별히 사용할 수 있는, 컴포넌트를 문자열로 렌더링하는 방법이 제공된다. 리액트에서 dom 변환을 관리할 수 있는 react-dom 패키지를 통해 처리된다. 하지만 아무런 뷰를 렌더링하는 것이 아니라 정확한 뷰를 렌더링해야 한다. 바로 여기가 동형 라우팅이 등장할 지점이다.

7장 초반에 설명했듯이 리액트로 라우팅에 사용할 수 있는 다양한 선택지가 있으며, 여기서는 react-router를 계속해서 사용한다.

자, 시작해보자.

뷰 렌더링

서버 렌더링은 조금 다른 점이 있다. 요청이 들어오면 올바른 경로인지 확인하고, 초기 클라이언트 상태 데이터 같은 리소스를 제공하는지 확인한다. 기본적인 아이디어는 \<BrowserRouter> 대신 상태비저장 \<StaticRouter>로 앱을 래핑하는 것이다. 이 두 라우터 간의 주요 차이점은 정적 라우터^{static router}의 경로는 절대 변경되지 않는다는 점이다. 이러한 이유로 요청된 경로에 대한 계산이 필요하고 클라이언트로 해당 뷰를 전달해야 하는 경우에 유용하게 쓸 수 있다.

필요에 따라 각기 다른 라우터를 사용하는 클라이언트와 서버 측 코드를 살펴본다. 다음과 같이 클라이언트 BrowserRouter는 기존과 동일하고, 서버 정적 라우터는 들어오는 요청 라우팅을 처리한다.

```
// --- client.js

import React from 'react'
import { render } from 'react-dom'
import { BrowserRouter } from 'react-router-dom'

import App from './modules/App'
```

```
render((
    <BrowserRouter>
        <App/>
    </BrowserRouter>
), document.getElementById('app'));
```

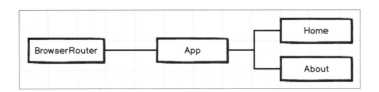

이제, 서버를 살펴보자.

1. 서버에서는 모든 요청(app.get('*') 익스프레스 라우팅을 통해 들어오는)을 react-dom 패키지에 있는 리액트 renderToString 메소드로 매핑한다. GET 대신에 원하는 어떤 방식이라도 매핑할 수 있다.

2. 리액트에서 렌더링되는 컴포넌트는 요청받은 URL과 나중에 설명할 컨텍스트 객체^{context object}를 수신하는 정적 라우터에 의해 결정된다.

3. 컴포넌트 마크업은 HTML을 생성하는 함수로 전달되고 이 함수에서는 HTML을 생성한다. 그리고 다음과 같이 익스프레스에서 클라이언트로 전송된다.

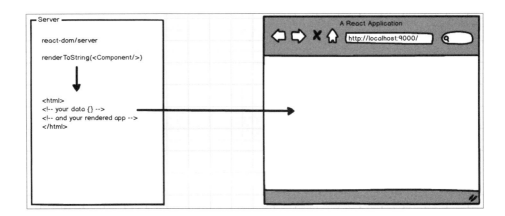

```javascript
// --- server.js

import path from 'path';
import React from 'react'
import express from 'express'
// 앱을 HTML 문자열로 렌더링한다.
import { renderToString } from 'react-dom/server'
// url과 경로를 매치한 후 렌더링한다.
import { StaticRouter } from 'react-router'
import App from './modules/App'

const app = express();

// 정적 항목을 제공한다.
app.use(express.static(path.join(__dirname, 'public')));

app.get('*', (req, res) => {
    const context = {}
    const markup = renderToString(
        <StaticRouter
            location={req.url}
            context={context}>
            <App/>
        </StaticRouter>
    )
    res.set('content-type', 'text/html');
    res.send(renderPage(html));
});

// 파라미터로 전달된 마크업으로 HTML을 렌더링한다.
function renderPage(appHtml) {
    return `
    <!doctype html>
    <head>
    <title>Isomorphic Router Example</title>
    </head>
    <div id=app>${appHtml}</div>
    `
}
```

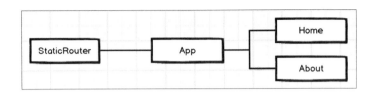

언급한 것처럼 context 객체는 여기서 다루지 않는다. 컨텍스트는 라우터가 리다이렉트를 해야 하는 경우에 도움이 된다. 예를 들면 사용자가 제한된[protected] URL로 이동하려는 경우이며, 다음과 같이 사용한다.

```
// --- server.js

// ...

app.get('*', (req, res) => {
    const context = {}
    const markup = renderToString(
        <StaticRouter
            location={req.url}
            context={context}>
            <App/>
        </StaticRouter>
    )

    if (context.url) {
        // `<Redirect>`가 렌더링되는 곳
        res.redirect(302, context.url);
    } else {
        res.set('content-type', 'text/html');
        // 이곳에 원하는 뷰 렌더링 기법을 사용할 수 있다.
        res.send(renderPage(html));
    }
});
// ...
```

클라이언트에서 <Redirect>를 렌더링하면, 브라우저 히스토리의 상태가 변경되고, 새로운 화면이 만들어진다. 정적 서버 환경에서는 앱 상태를 변경할 수 없다. 대신 컨텍스트 속성을 통해 렌더링한 결과를 확인할 수 있다. context.url을 찾아보면 리다이렉트된 앱을 알 수 있다. 이 방법으로 서버에서 적절한 리다이렉트 경로를 전달할 수 있다.

이 리다이렉트 경로를 통해 라우터는 아무런 일도 일어나지 않은 것처럼 다음 요청을 처리할 수 있게 된다.

요청된 URL에 해당하는 뷰를 클라이언트로 전송하는 방법과, 필요한 경우 해당되는 URL로 리다이렉트하는 방법을 살펴봤다. 그렇다면 앱의 초기 상태는 어떻게 해야 할까?

애플리케이션에 상태 전달하기

마크업을 브라우저에서 렌더링할 때도 역시 애플리케이션의 클라이언트 상태가 필요하며, 그래야 클라이언트 측 애플리케이션이 투명하게 동작할 수 있다. 클라이언트의 컴포넌트에서 서버로 상태를 요청하게 하는 경우, 추가 요청이 필요하므로 서버에서 모든 것을 미리 만들어 전송하는 방식의 장점을 잃게 된다. 서버 측 렌더링의 모든 아이디어는 애플리케이션의 로딩 속도와 성능 향상에 있으며, 추가적인 요청은 전혀 도움이 되지 않는다. 다음과 같이 초기 응답^{initial response}을 사용해 클라이언트 상태를 전송하면 이러한 요청을 하지 않아도 된다.

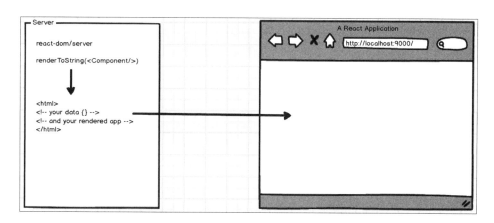

어떻게 처리되는지 살펴보자.

초기 상태

react-router를 만든이는 특정 접근 방법을 지정하거나 염두에 두고 만들지 않았다. 따라서 다양한 접근 방법이 있으며, 명확한 모범 사례도 아직 존재하지 않는다.

먼저, 경로^{routes}를 별도로 정의한다. 해당 경로는 별도의 객체(또는 모듈)로 정의될 수 있으며, 컴포넌트는 해당 컴포넌트에서 필요한 데이터를 조회하는 기능의 정적 함수를 정의할 수 있다.

```js
// routes.js
const routes = [
    {
        path: '/',
        component: App,
        loadData: App.loadData, // component 클래스의 정적 함수
        routes: [
            // 하위 경로
            path: '/about',
            component: About
        ]
    },
    // ...
]
```

리액트 라우터는 내부적으로 위치와 경로를 매치하는 데 사용하는 matchPath 정적 함수를 제공한다. 이 함수를 통해 어떤 경로와 요청 URL이 매핑되는지 확인한 후, 경로의 속성을 사용해 데이터 종속성을 확인하고 렌더링하기 전에 가져오는 등의 작업을 할 수 있다.

```js
import { matchPath } from 'react-router'
import UserComponent from './UserComponent'
```

```
const match = matchPath('/users/123', {
    path: '/users/:id',
    component: UserComponent,
    exact: true,
    strict: false,
    loadData: UserComponent.loadData
})
```

하지만 지금의 matchPath 함수는 어떤 위치가 단일 경로와 일치하는지 여부를 알아내는 동작을 하므로, 모든 경로에 대해 일일이 반복하여 필요한 기능을 통해 서버의 데이터를 가져와야 한다.

좀 더 복잡한 시나리오의 경우, 애플리케이션의 라우팅 시스템에 통합되고 더 지능적인 무언가가 필요하다면 react-router-config가 도움이 될 수 있다.

react-router-config 사용하기

또 다른 방법으로는 react-router와 동일한 개발자가 만든 react-router-config npm 패키지를 사용하는 방법이 있다. 이 패키지는 matchRoutes 함수를 제공하며, 위치에 해당하는 모든 경로를 매치하는 데 사용할 수 있다.

하지만 한 가지 인지해야 할 사항이 있다. 이 패키지는 현재 네 가지 버전이 있지만 베타 버전이며, 나중에 살펴볼 자식 패키지[children packages]도 개발 중이다. 따라서 그렇게 되지 않기를 바라지만, 다음 코드가 의도한 대로 동작하게 만들기 위해 어느 정도 수정이 필요할 수도 있다.

```
import { matchRoutes } from 'react-router-config'

const branch = matchRoutes([
    {
        path: '/users',
        component: User,
        loadData: User.loadData,
```

```
        routes: [{
            path: '/users/:id',
            component: Users,
            loadData: Users.loadData
        }]
    }
], '/users/123');

// 다음 경로의 배열을 반환한다.
// [
// routes[0],
// routes[0].routes[1]
// ]
```

객체에 경로를 정적인 방법으로 선언하고 있다. 이 객체는 route 컴포넌트의 모든 속성을 포함할 수 있고, 필요에 따라 속성이나 함수를 추가하는 것도 가능하다.

보다시피, 서버의 데이터를 로드하는 컴포넌트의 정적 메소드를 참조하는 loadData 속성을 추가했다.

이 기능은 클라이언트에서도 사용된다. componentDidMount 함수에 이 기능을 포함할 수 있겠지만, 초기 데이터가 없는 경우에만 사용해야 한다. 그래야 방금 전에 전송된 컴포넌트의 초기 상태를 다시 서버로 요청하는 것을 피할 수 있다.

다음과 같이 서버에 있는 이 기능을 사용해 경로에 대한 초기 데이터를 가져온다.

```
import { routes } from './routes'
import { matchRoutes } from 'react-router-config'

// 위치를 가져와, 경로의 loadData 함수를 통해
// promises 목록을 반환하는 함수를 정의한다.
const loadBranchData = (location) => {
    const branch = matchRoutes(routes, location);

    const promises = branch.map(({ route, match }) => {
```

```jsx
    return route.loadData
        ? route.loadData(match)
        : Promise.resolve(null)
    });

    // promise를 반환하는 Promise API를 사용하며,
    // 이는 모든 promise가 결정되는 경우에 결정된다.
    return Promise.all(promises)
};

app.get('*', (req, res) => {

    loadBranchData(req.url).then((initialData) => {
        // 결정된 initialData는
        // 각 promise 결정별로 하나의 객체를 갖는 배열이 된다.
        const context = {};
        const html = renderToString(
            <StaticRouter
                location={req.url}
                context={context} >
                <Root />
            </StaticRouter>
        );

        if (context.url) {
            // `<Redirect>`가 렌더링되는 곳
            res.redirect(302, context.url);
        } else {
            res.set('content-type', 'text/html');
            // 이곳에 원하는 뷰 렌더링 기술을 사용할 수 있다.
            res.send(renderPage(html, initialData));
        }
    });

});

// 이 함수는 HTML을 렌더링하고 <script> 태그를 통해 페이지에 전역 변수를 추가한다.
// 전역 변수는 클라이언트 초기 상태를 갖는다.
function renderPage(appHtml, initialState) {
```

```
    return `
        <!doctype html>
        <head>
        <title>Isomorphic Router Example</title>
        </head>
        <div id=app>${appHtml}</div>
        <script type="text/javascript" charset="utf-8">
        window.__INITIAL_STATE__ = '${JSON.stringify(initialState)}';
        </script>
        <script src="/bundle.js"></script>
        `
}
```

이러한 방법으로 해당 경로의 모든 loadData 함수를 찾아서 실행한 후, 데이터가 준비되면 클라이언트에서 사용할 수 있게 전역 변수를 만든다. 끝으로, StaticRouter를 사용해 찾은 경로를 렌더링한다.

클라이언트에서는 초기 상태를 가져와 애플리케이션에 적합한 방식으로 처리한다.

```
// 서버의 전역 변수를 사용해 초기 상태를 자바스크립트 객체로 가져온다.
const initialData = JSON.parse(window.__INITIAL_STATE__);
// 더 이상 사용되지 않도록 삭제한다.
delete window.__INITIAL_STATE__

render((
    <BrowserRouter>
        <Root initialData={initialData}/>
    </BrowserRouter>
), document.getElementById('app'));
```

하위 경로가 있는 경로의 경우, 전달받은 초기 데이터를 컴포넌트에 제공하기 위해 초기 상태를 전달해야 한다.

다음 컴포넌트는 정적으로 정의된 경로를 전달하는 데 유용하며, 모든 하위 경로도 만들어준다.

```
// <Route>를 래핑해 모든 곳에 사용하면,
// 모든 경로에 하위 경로가 추가될 때 동작하게 된다.
const RouteWithSubRoutes = (route) => (
    <Route path={route.path} render={props => (
        // 중첩을 위해 하위 경로를 전달한다.
        <route.component {...props} routes={route.routes} />
    )} />
)
```

그런 다음, 경로를 처리하는 위치에서 다음과 같이 사용한다.

```
{
    routes.map((route, i) => (
        <RouteWithSubRoutes key={i} {...route} />
    ))
}
```

그 밖에, 필요한 경우 다음과 같이 또 다른 속성으로 initialData를 추가할 수 있다.

```
{
    routes.map((route, i) => (
        <RouteWithSubRoutes key={i} {...route} {initialData} />
    ))
}
```

이러한 방법으로 하위 경로에서 initialData에 접근할 수 있으며, 클라이언트 애플리케이션을 하이드레이트^{hydrate}에 사용할 수 있다(하이드레이트는 앱에 상태를 전달하는 것을 말함).

요약하면, react-router를 통해 렌더링하려는 경로에 해당하는 애플리케이션의 초기 상태를 획득하고, 해당 데이터를 클라이언트용 변수를 통해 제공해 정확한 뷰를 렌더링하게 되므로 서버에 대한 추가적인 요청을 피할 수 있다.

해당 데이터는 여러 컴포넌트로 전달되고 존재 여부를 확인 후, 존재한다면 이 데이터를 사용하여 렌더링하고, 그렇지 않다면 서버에서 데이터를 가져온다(예: initialStateLoad 변수를 true로 설정하고 첫 번째 로딩을 마친 후 false로 바꾼다).

클라이언트에서 초기 데이터를 사용하는 방법은 애플리케이션마다 다르다. 리액트 애플리케이션에서 사용하는 일반적인 패턴에는 **리덕스**[redux]가 있다. 리덕스에서 앱의 모든 상태는 중앙에서 관리되고 변경은 한쪽 방향으로 처리된다. 상태는 스토어[Store]라는 곳에 있게 되며, 뷰는 액션[Action]을 통해 상태의 변경을 발생시키고, 해당 뷰는 리액트를 통해 스토어의 새로운 상태로 다시 렌더링된다. 이 새로운 상태는 리듀서[Reducer]라는 함수를 통해 계산되며, 이 함수는 상태[state]와 액션[action]을 통해 새로운 상태[new state]를 반환한다. 그리고 이러한 과정을 반복한다.

이보다 더 많은 내용이 있지만 여기서는 더 이상 자세하게 설명하지 않는다. 하지만 리덕스를 사용하는 경우, 초기 렌더링 과정에서 애플리케이션의 상태를 전달하는 데 어떤 도움을 받을 수 있는지 살펴보겠다.

리덕스 사용하기

리덕스는 리액트 생태계에서 아주 잘 알려진 아키텍처 패턴이며, 애플리케이션의 상태를 관리하기 위한 방법이다.

간단히 말하자면 스토어라는 객체에서 애플리케이션의 상태를 중앙화하고, 단방향 패턴을 통해 뷰와 모델의 상태 변경에 반응한다. 이와 같은 내용을 접해본 적이 없다면, 다음 경로의 공식 문서를 살펴볼 것을 강력 추천한다.

https://redux.js.org

상태^{state}가 스토어에 중앙화되므로, 서버에서 해당 스토어의 초기 상태를 좀 더 쉽게 제공할 수 있다.

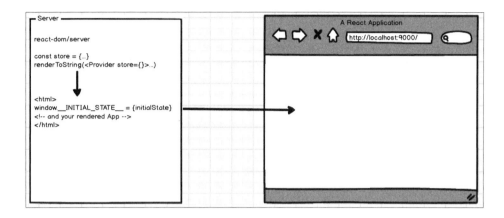

로드된 데이터로 스토어를 만들고, Provider 요소(store 속성을 전달받는)로 라우터를 래핑한다.

```
// server.js
// ...

import { combineReducers, createStore } from 'redux'
import { Provider } from 'react-redux'

app.get('*', (req, res) => {

    loadBranchData(req.url).then((initialData) => {
        const context = {};
        const reducer = combineReducers(/* 자신의 리듀서 */);
        const store = createStore(reducer, initialData);
        const html = renderToString(
            <Provider store={store}>
                <StaticRouter
                    location={req.url}
                    context={context} >
                    <Root />
```

```
                </StaticRouter>
            </Provider>
        );

        if (context.url) {
            // `<Redirect>`가 렌더링되는 곳
            res.redirect(302, context.url);
        } else {
            res.set('content-type', 'text/html');
            // 이곳에 원하는 뷰 렌더링 기술을 사용할 수 있다.
            res.send(renderPage(html, initialData));
        }
    });

});
// ...
```

loadBranchData 메소드를 사용해 라우팅에 필요한 정보를 얻어온 다음, 이 정보로 스토어를 생성한다. 원하는 방식으로 생성된 store를 얻으려면 initialData의 조작이 필요할 수 있다. 하지만 해당 데이터를 통해 store가 생성된 후에는 Provider 요소를 사용해 앱에 삽입하는 방법은 아주 간단하다.

다음으로, 클라이언트에서도 초기 상태를 갖는 전역 변수를 사용해 동일한 작업을 수행한다.

```
// client.js

// ...
const initialData = JSON.parse(window.__INITIAL_STATE__);
delete window.__INITIAL_STATE__

// 상태 변경을 관리하는 combineReducers를 생성한다.
const reducer = combineReducers(/* 자신의 리듀서 */);
// 마지막으로, 상태를 갖는 store를 생성한다.
// 두 번째 인자는 store의 초기 상태다.
```

```
const store = createStore(reducer, initialData);

render((
    <Provider store={store}>
        <BrowserRouter>
            <Root initialData={initialData} />
        </BrowserRouter>
    </Provider>
), document.getElementById('app'));
// ...
```

이와 같은 방법으로, 앱의 상태를 하이드레이트하기가 좀 더 간단해지고, 모든 경로를 통해 초기 데이터를 직접 전달할 필요가 없어지며 리덕스에서 관리하게 된다.

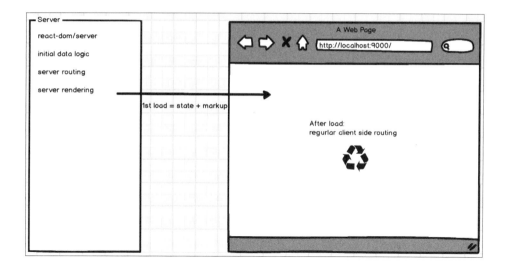

▍ 요약

리액트 라우터와 클라이언트 경로 재사용, 클라이언트 애플리케이션을 시작하는 데 필요한 초기 데이터 전달을 통한 동형 라우팅 방법에 관해 살펴봤다. 해당 초기 데이터를 프레임워크 없이 관리하는 방법과 아주 잘 알려진 상태 컨테이너 중의 하나인 리덕스를 통해 관리하는 방법을 살펴봤다.

이러한 방식으로 라우팅 시스템을 통합하고 애플리케이션을 로드할 수 있다.

8장에서는 동형 라우팅에 인증을 통합하는 방법과 JWT 토큰을 관리하는 방법, 제한된 경로의 탐색을 허용하지 않는 경우에 사용자를 리다이렉션하는 방법 등을 살펴본다.

08

인증 및 권한 부여

8장에서는 애플리케이션 보안에 관한 복잡한 내용을 다룬다. 리액트를 사용해 동형 애플리케이션에 대한 접근 제어와 토큰 기반의 인증을 구현하는 방법을 살펴본다.

인증 및 권한 부여는 거의 모든 중대형 웹 애플리케이션에 존재하며, 앱의 기능에서 아주 중요한 부분이다. 이러한 중요성에 따라, 사용자와 개발자가 사용하기 쉽고 코딩 작성 및 필요한 경우 확장을 할 수 있도록 가능한 한 단순하게 만드는 것이 매우 중요하다.

공개 경로와 보호된 경로, 인증된 사용자만 볼 수 있는 경로가 존재한다. 권한에 따라 경로를 지정할 수도 있으나, 여기서는 또 다른 어설션^{assertion} 계층에서 처리한다. 동형 개발 방식에서도 이러한 경로를 정의해 사용하며, 여기에 여러 가지 메커니즘을 더하여 애플리케이션에서 인증과 권한 부여에 관한 부분이 기대한 대로 동작하는 데 필요한 기능을 제공하게 된다.

8장에서 다루는 내용은 다음과 같다.

- 토큰 기반 인증과 쿠키
- JWT란?
- JWT로 다음 항목 관리
  - 가입
  - 로그인
  - 보호된 경로 요청
  - 로그아웃
- HoC ^{High Order Component}(상위 컴포넌트)를 사용해 리액트 보호 경로 관리하기
- 권한 설정 정보를 클라이언트 하이드레이션에 포함시키기

JWT를 사용해 구현하기에 앞서, 중요한 웹 애플리케이션의 인증 개념에 관해 이야기해 보자.

토큰 기반 인증과 쿠키

이 두 주제에 관해서는 일반적인 오해가 존재한다. 이 두 가지를 상호 배타적으로만 사용할 수 있다고 여기는 사람들이 있다. 하지만 토큰과 쿠키는 각기 다른 용도로 함께 사용될 수 있다.

이 둘의 차이점과 애플리케이션 인증 관리에 함께 사용할 수 있는 방법을 살펴보자.

쿠키

쿠키^{cookies}에 관한 아주 기초적인 내용은 넘어가고, 인증에 관련된 부분을 살펴본다. 쿠키 기반 인증은 오랜 기간 동안 사용자 인증 처리에 사용돼온 기본적이고 신뢰할 수 있는 방법이다.

기본적인 쿠키 기반 인증 흐름은 다음과 같다.

1. 사용자는 사용자 자격증명(보통 사용자 이름/이메일과 패스워드)을 입력한다.
2. 서버는 해당 자격증명이 정확한지 확인하고, 만약 애플리케이션에서 세션이 필요하다면 세션을 생성하고, 다음과 같이 쿠키의 일부(가장 일반적인 옵션) 또는 메모리에 있는 데이터베이스에 저장한다.
3. 쿠키는 세션 ID와 함께 사용자의 브라우저에 저장된다.
4. 이어지는 요청에 해당 세션 ID는 데이터베이스와 비교 검증되고, 정상적이라면 요청은 처리된다.
5. 사용자가 애플리케이션에서 로그아웃하면 해당 세션은 클라이언트와 서버에서 모두 제거된다.

다음은 이 과정을 설명하는 그림이다.

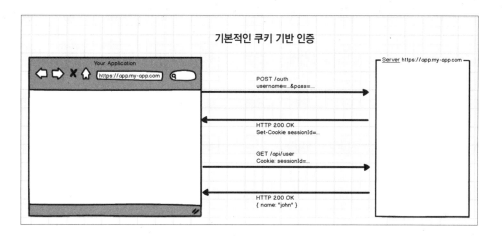

여기는 몇 가지 중요한 플래그가 존재하며, 만약 쿠키로 세션 ID를 관리한다면 반드시 알고 있어야 하는 내용이다. 플래그의 내용은 다음과 같다.

- httpOnly: 쿠키에 자바스크립트를 통해 접근할 수 없으며, 요청에 따라 서버에서만 제공된다.

- **secure**: 이 쿠키는 HTTPS를 통한 보안 요청에만 전달된다. 즉, SSL/TLS를 사용해 애플리케이션 계층의 데이터를 보호한다.

이 두 가지 플래그를 사용하면 사용자 세션을 알아내려는 시도를 막을 수 있다.

최근에 보안 플래그는 꼭 필요한 요소가 됐다. 절대로 세션 ID를 암호화하지 않고 공개해서는 안 되며, 그렇지 않으면 **크로스 사이트 요청 위조**[CSRF, Cross-Site Request Forgery](https://www.owasp.org/index.php/Cross-Site_Request_Forgery_(CSRF)) 공격에 노출된다.

이 공격 형태는 잘 알려진 쿠키의 취약점을 이용하는 것이다. 쿠키를 탈취하면 이를 재사용해 사용자로 위장한다. 하지만 일반적인 웹 프레임워크에서는 서버에서 실제 요청자가 맞는지 식별할 수 있는 **싱크로나이저**[Synchronizer](CSRF) 토큰이라는 또 다른 정보를 통해 이러한 문제를 처리한다. 이러한 방식에서는 서버의 상태가 필요하다. 그 밖에 서버의 상태를 필요로 하지 않는 방법으로는 이중 등록 쿠키[double submit cookie]가 있다. 이중 등록 쿠키는 무작위로 생성한 값을 쿠키와 요청 파라미터 양쪽으로 모두 전송하고, 해당 쿠키값과 요청값이 일치하는지 여부를 서버에서 검증하는 방법이다. 다시 말해 스스로 이러한 내용을 직접 처리해야 하는 경우는 거의 없으며, 웹 프레임워크나 보안 라이브러리에서 이미 이러한 공격으로부터 애플리케이션을 보호하기 위한 방법을 제공하고 있다.

`httpOnly` 플래그는 애플리케이션에서 동작하는 악의적인 코드를 통해 쿠키에 접근하지 못하게 해준다. 가장 잘 알려진 공격 기법에는 **크로스 사이트 스크립트**[XSS, cross-site scripting](https://www.owasp.org/index.php/Cross-site_Scripting_(XSS))가 있다. 하지만 이 플래그를 사용하면 공격자가 자바스크립트를 사용해 쿠키를 획득할 수 없게 된다.

쿠키와 세션에 관한 또 다른 접근 방법으로는 쿠키에 클라이언트 측 세션을 두는 방법이 있다. 하지만 다음과 같은 고려사항이 있다.

- 쿠키의 크기는 4kb로 제한되며, 데이터에 필요한 공간이 이보다 더 많은 경우에 문제가 될 수 있다.

- 또한 사용자가 보고 수정할 수 있으므로 저장되는 내용에 매우 주의를 기울여야 한다. 괜찮은 방법으로는 서버 암호로 쿠키에 서명하는 방법이 있다. 이렇게 하면 사용자가 쿠키에 있는 세션의 내용을 몰래 수정할 수 없게 된다(사용자는 암호를 전혀 모른다고 가정함).
- 이 방법은 데이터의 신뢰성^authenticity(다른 누군가가 아닌 해당 사이트에서 생성됐음을 말함)과 무결성^integrity(모든 데이터가 존재하며 정확함을 말함)을 보장하지만, 최신 정보임을 보장하지는 못한다. 다시 말하면 클라이언트로 보낸 마지막 정보를 다시 보내기 때문에, 세션 데이터의 일부가 사용되는 경우 쿠키 서버가 재전송 공격^replay attacks(https://en.wikipedia.org/wiki/Replay_attack)에 노출될 수 있다. 이 공격은 다른 사용자로 위장하기 위해 쿠키를 나중에 재사용하는 방식을 말한다.

이러한 클라이언트 세션 방식을 추천하진 않지만, 쿠키에 세션 ID를 관리하는 방법은 가장 오래됐고 여전히 유효하다.

이제, 토큰으로 무엇을 할 수 있는지 살펴보자.

토큰 기반 인증

토큰 기반 인증은 지난 몇 년에 걸친 SPA^single-page applications(싱글 페이지 애플리케이션)와 웹 API, IoT^Internet of Things(사물인터넷)의 성장과 더불어 더 잘 알려졌다. 토큰 기반 인증에 대해 이야기할 때는 일반적으로 JWT^JSON Web Tokens(https://jwt.io/introduction/)를 이야기한다. 토큰을 구현하는 방법이 다양하게 존재하지만, JWT가 사실상의 표준이 됐다.

토큰은 Bearer {JWT} 형식의 인증 헤더를 통해 요청마다 서버로 전송되는 것이 일반적이지만, 부가적으로 POST 요청의 본문 또는 쿼리 파라미터로 전달되기도 한다.

이 과정이 어떻게 진행되는지 살펴보자.

1. 사용자는 사용자 자격증명(보통 사용자 이름/이메일과 패스워드)을 입력한다.

2. 서버에서는 해당 자격증명이 정확한지 확인하고 서명된 토큰을 반환한다.

3. 이 토큰은 클라이언트 쪽 로컬 스토리지나 세션 스토리지 또는 쿠키에 저장된다.

4. 이후 서버에 대한 요청에는, 부가적인 인증 헤더 또는 그 밖에 앞서 언급한 방법 중 하나를 통해 이 토큰이 포함된다.

5. 서버에서는 JWT를 디코딩하고 해당 토큰이 유효하다면 요청을 처리한다.

6. 사용자가 로그아웃하면 해당 토큰은 클라이언트 쪽에서 제거되며, 서버와 추가적인 인터랙션은 필요치 않다.

다음은 이 과정을 설명하는 그림이다.

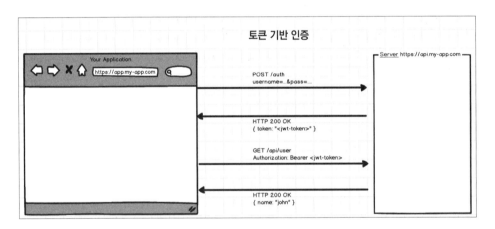

JWT 토큰 유형을 다음과 같이 구분할 수 있다.

- **상태비저장**stateless **JWT**: 토큰 내에 인코딩된 세션 데이터를 직접 포함하는 JWT 토큰

- **상태저장**stateful **JWT**: 세션의 ID나 참조만 포함하는 JWT 토큰. 세션 데이터는 서버 측에 저장된다.

토큰 기반 방식의 장점은 다음과 같다.

- **요청 오버헤드 감소**: 모든 요청에 토큰을 전송할 필요가 없고, 인증이 필요한 요청에만 전송하면 된다.

- **낮은 결합도**: 특정 인증 체계에 한정되지 않는다. 토큰은 어디서든지 생성될 수 있으며, 따라서 이러한 호출을 인증하는 하나의 방법으로 어디서나 API를 호출할 수 있다.

- **CSRF**: 쿠키에 의존하지 않는 경우, 크로스 사이트 요청에 대한 방어가 필요치 않다(예컨대, 아무것도 존재하지 않으므로 사이트에 대한 POST 요청을 생성하고 기존 인증 쿠키를 재사용하는 것이 불가능하다).

- **표준 준수**: 표준 JWT^{JSON Web Token}(https://tools.ietf.org/html/draft-ietf-oauth-json-web-token-32)를 준수해 API를 만들 수 있다. JWT 표준은 다음과 같은 다양한 백엔드 라이브러리들과 이러한 인프라를 지원하는 기업들이 존재한다.

  [관련 라이브러리]
  - 닷넷^{.NET}(https://www.nuget.org/packages?q=JWT)
  - 루비^{Ruby}(https://rubygems.org/search?utf8=&query=jwt)
  - 자바^{Java}(https://code.google.com/archive/p/jsontoken/)
  - 파이썬^{Python}(https://github.com/davedoesdev/python-jwt)
  - PHP(https://github.com/firebase/php-jwt)

  [관련 기업]
  - 파이어베이스^{Firebase}(https://www.firebase.com/docs/web/guide/login/custom.html)
  - 구글^{Google}(https://developers.google.com/identity/protocols/OAuth2ServiceAccount#overview)
  - 마이크로소프트 ^{Microsoft}

또한 토큰 기반 방식은 다음과 같은 단점도 존재한다.

- 필요한 모든 요청에 헤더를 추가로 프로그래밍해야 한다.
- 브라우저의 로컬 스토리지나 세션 스토리지에 저장되어 있다면 자바스크립트를 통해 접근할 수 있으며, 크로스 사이트 스크립트 공격으로 도난될 수 있다. 쿠키에 저장된다면 앞서 언급한 것처럼 CSRF 보호 기능을 추가해야 한다.
- 페이로드payload를 남용하면 너무 커질 수 있다.
- 상태비저장 토큰의 데이터가 결국 쓸모없어지는 경우, 데이터베이스에 최신 데이터가 더 이상 반영되지 않는다. 즉, 관리자 권한을 회수한 경우에도 토큰은 여전히 동일하기 때문에 누군가가 관리자의 권한을 가진 토큰을 갖게 될 수 있다.
- 서버에 세션을 저장하는 상태저장 토큰을 다룰 때는 근본적으로 할 수 있는 것이 없다. 명시적으로 세션을 감지하고 거부하기 위한 상태 저장 인프라를 구축해야만 세션을 종료kill할 수 있으며, 토큰에 세션 정보를 저장하는 상태비저장stateless JWT 토큰을 사용해 시작하는 모든 지점은 더 이상 유효하지 않게 된다.

토큰은 세션 데이터를 안전하게 확인 및 검증하고 필요에 따라 저장하는 방법이다. 그리고 쿠키는 토큰을 서버로 주고받는 방법이다. 앞서 말한 브라우저의 로컬 스토리지와 세션 스토리지 중에서 어떤 것을 사용할 것인지 역시 선택사항이다(인증 헤더를 통해 토큰을 서버로 전송하기 위해).

서버에서의 세션 관리는 8장의 목적이 아니기 때문에 이번 장에서는 상태비저장 JWT 토큰을 사용한다.

그렇다면 JWT는 실제로 무엇인가?

▌ JWT

JWT$^{JSON\ Web\ Token}$에 대한 이야기를 해보자. JWT는 공개 표준(RFC 7519)이며, JSON 객체로 안전하게 정보를 전송하기 위한 소형^{compact}의 자체 포함$^{self-contained}$(토큰 자체가 정보) 방식으로 정의됐다. 이 정보는 디지털 서명이 되어 있으므로 검증할 수 있고 신뢰할 수 있다. JWT는 HMAC 알고리즘을 사용한 암호 또는 RSA 기반 공개키/개인키 쌍을 사용해 서명할 수 있다.

다음은 이 표준의 두 가지 중요 속성이다.

- **소형**^{compact} : 작은 크기를 유지하기 위해 JWT는 URL이나 POST 파라미터, HTTP 헤더 내부에 포함되어 전송될 수 있다. 페이로드는 원하는 만큼 크게 할 수 있으나, 작은 크기를 유지하는 것을 기억하라.
- **자체 포함**$^{self-contained}$: 페이로드에는 필요한 모든 정보가 포함된다. 토큰 페이로드에 모든 정보가 들어 있으므로 해당 정보를 데이터베이스에 질의하지 않아도 되고, 선택적으로 세션을 상태비저장으로 만들 필요가 없다.

이 토큰 생성은 수동으로 해서는 안 되며, 생성을 위한 검증된 라이브러리를 사용해야 한다. 애플리케이션의 보안을 위해 암호화를 할 때 거의 모든 경우에 지켜야 하는 규칙이다. 좋은 암호화 알고리즘은 만들기가 아주 어려우니 전문가에게 맡긴다.

토큰을 생성할 때 사용하면 좋은 노드 라이브러리에는 jwt-simple이 있다.

jwt-simple 사용하기

이 라이브러리의 Hello World 예제는 다음과 같다.

```
var jwt = require('jwt-simple');
var payload = { foo: 'bar' };
var secret = 'xxx'; // 절대 알려지면 안 됨!
```

```
// 인코딩
var token = jwt.encode(payload, secret);

// 디코딩
var decoded = jwt.decode(token, secret);
console.log(decoded); //=> { foo: 'bar' }
```

이 예제는 이후의 장을 진행하는 과정에서 다시 살펴볼 개념 세 가지를 강조하고 있다.

우선, 페이로드다. 토큰은 다음과 같은 클레임^{claim}을 갖는다.

- registered 클레임: JWT 명세에 정의된 페이로드의 값을 사용할 수 있다. 애플리케이션의 토큰을 만드는 과정에서, 사용할 수 있는 몇 가지 값을 살펴볼 것이다. 이러한 클레임은 미리 정의된 키^{key}와 용도를 갖고 있다.

- public 클레임: 사용자가 정의할 수 있는 키이지만, 다음 조건을 따라야 한다.

    IANA JWT Claims 레지스트리 [...]에 등록되거나, 충돌이 일어나지 않는 값을 갖는 이름이어야 한다. 각각의 경우에 이름이나 값을 정의하는 사람은 클레임 이름을 정의하는 데 사용하는 네임스페이스 부분을 관리할 수 있는 적절한 방법이 있어야 한다(http://self-issued.info/docs/draft-ietf-oauth-json-web-token.html#PublicClaimName).

- private 클레임: 마찬가지로 사용자가 정의할 수 있는 키이지만, 이름의 충돌이 발생할 수 있다.

예제에서는 jwt-simple을 사용해 JWT 토큰을 생성하고 검증하며, 페이로드에 registered 클레임을 사용한다.

여기서 주목할 부분은 암호^{secret}다. 토큰은 애플리케이션 기반 암호를 바탕으로 생성된다. 이는 암호를 통해 토큰 생성과 디코딩이 이뤄진다는 뜻이다. 따라서 절대 게시해서는 안 되고, 암호화해 별도의 파일에 보관하고 변형되지 않게 해야 한다. 이 암호에 관해서는 나중에 좀 더 다루겠다.

라이브러리에 있는 그 밖의 옵션으로는 토큰을 인코딩하고 디코딩하는 데 사용하기 위한 알고리즘을 정의하는 부분이 있다. 옵션은 다음과 같다.

- HS256
- HS384
- HS512
- RS256

HMAC(HS로 시작하는) 알고리즘 패밀리는 서명된 JWT용으로 가장 흔한 알고리즘이다. 이 라이브러리에는 HS256이 기본 알고리즘으로 사용됐다. 아주 강력한 알고리즘은 아니지만, 사용할 수 있는 모든 알고리즘을 분석하는 것은 이 책의 범위를 벗어나므로 지금은 여기까지만 설명한다. 이러한 부분을 더 자세히 알아보고 싶다면 다음 경로를 방문해 확인할 수 있다.

https://auth0.com/blog/json-web-token-signing-algorithms-overview/

명세에는 서명에 사용할 수 있는 다양한 알고리즘이 정의되어 있다. 다음 경로의 RFC 7518에서 모두 찾아볼 수 있다.

https://tools.ietf.org/html/rfc7518#section-3

토큰에 관한 이론은 이것으로 충분하며, 토큰을 사용해 서버에서 사용자를 인증하는 방법을 살펴보자.

▌ 서버 인증

이전 장의 예제처럼, 서버에 익스프레스Express를 사용하고 클라이언트에 react-router와 리덕스redux를 사용한다. 여기서 살펴볼 내용은 다음과 같다.

- 사용자 가입
- 로그인/로그아웃
- 경로 보호
- 로그인하지 않고 보호된 경로를 탐색하는 동작에 대한 처리

가입하기

가입은 새로운 사용자를 시스템에 추가하는 절차로, 나중에 해당 사용자를 식별한 후, 가입하지 않은 사용자는 가질 수 없는 특정 권한을 제공한다. 이것은 아주 일반적인 용도이며, 웹 애플리케이션에서 아주 중요한 부분이다. 기본적인 가입 절차는 다음과 같다.

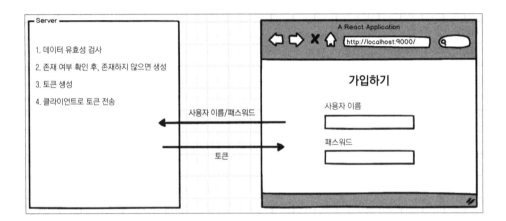

이 방법으로 데이터베이스에 사용자 정보를 추가하고(이 부분은 8장의 범위가 아님), 사용자가 애플리케이션을 계속해서 사용할 수 있도록 JWT 토큰을 반환한다. 가입 시 클라이언트로부터 사용자 이름과 패스워드를 받는다. 이 예제에서는 /signup에 대한 POST 호출을 이 기능과 매핑한다.

다음과 같은 방식으로 처리할 수 있다.

```
import express from 'express';
import bodyParser from 'body-parser';
import Authentication from './controllers/authentication';

const app = express();
app.use(bodyParser.json());
// ...

app.post('/signup', Authentication.signup);
// ...
```

정말 단순해 보인다.

예제의 bodyParser 패키지에 있는 주석의 내용은 요청의 본문을 해석하는 데 사용되며, 여기서는 사용자 정보가 된다. 이 express 미들웨어는 요청을 가로채 req.body의 본문 정보를 자바스크립트 객체로 변환해준다.

이 모듈에서는 다음과 같은 파서^{parser}도 제공된다.

- **json**(https://www.npmjs.com/package/body-parser#bodyparser jsonoptions)
- **raw**(https://www.npmjs.com/package/body-parser#bodyparser rawoptions)
- **text**(https://www.npmjs.com/package/body-parser#bodyparser textoptions)
- **urlencoded**(https://www.npmjs.com/package/body-parser#bodyparserurlencoded options)

다양한 형태의 페이로드에 파서를 사용할 수 있다. 사용자 가입으로 넘어가 보자. 가입 기능은 다음과 같이 동작한다.

```
// controllers/authentication.js

import jwt from 'jwt-simple';
import { secret } from './secretFile';
```

```javascript
// 이 함수는 사용자를 가지고 사용자를 위한 토큰을 생성한다.
function tokenForUser(user) {
    const timestamp = new Date().getTime();
    // iat(발행) 클레임은 JWT가 발행된 시간을 나타낸다.
    // sub(제목) 클레임은 JWT의 대상이 되는 주체를 나타낸다.
    return jwt.encode({ sub: user.id, iat: timestamp }, secret);
}

exports.signup = function (req, res, next) {
    // 요청에서 필요한 정보를 획득한다.
    const email = req.body.email;
    const password = req.body.password;

    if (!email || !password) {
        // user/pass에 문제가 있는 경우,
        // 422: Unprocessable Entity라는 알맞은 HTTP 상태를 반환한다.
        return res.status(422).send({
            error: 'You must provide an email and password'});
        }
        // 이메일을 갖고 있는 사용자가 없다면 사용자를 생성하고 저장한다.
        const user = {
            email: email,
            password: password
        };

        // 사용자 저장!
        // 예제를 간략하게 하기 위해 구현은 생략함

        // 요청에 대한 응답으로, 사용자가 생성됐음을 알려줌
        res.json({ token: tokenForUser(user) });
    });
```

사용자 모델 저장소와 인터랙션하는 부분은 생략했으나, jwt-simple과 express 미들웨어 기능 덕분에 토큰을 생성하는 로직이 정말 단순해졌음을 볼 수 있다.

또한 토큰에 iat와 sub 같은 몇 가지 속성이 포함되어 있음을 확인할 수 있다. 코드에서 이 부분을 설명하고 있으나, 이 토큰 데이터의 의미와 그 밖의 가능성에 대해 살펴보자.

JWT 토큰 클레임

예제에서는 먼저 JWT의 sub와 iat 속성 그리고 암호^{secret}를 사용해 사용자의 이름에서 JWT 토큰을 생성하는 함수를 정의했다. 이 속성은 JWT 명세(https://tools.ietf.org/html/draft-ietf-oauth-json-web-token-32#section-4.1)에서 정의한 여러 가지 속성들 중 2개다. 예를 더 들어보면 다음과 같다.

- sub: 토큰 제목^{subject}이며, 이 클레임은 JWT의 대상이 되는 주체를 나타낸다. 일반적으로 JWT에서 클레임은 대상에 대한 설명이다.
- iat: 토큰이 발급된 시간$^{issued\ at}$이며, 이 클레임은 JWT가 토큰을 발급한 시간을 나타낸다.
- iss: 발급자^{issuer}이며, 이 클레임은 JWT를 발급한 주체를 나타낸다. 이 클레임의 처리는 일반적으로 애플리케이션에 따라 다르다.
- exp: 토큰의 만료 시간$^{expiration\ time}$이며, 이 클레임은 JWT가 이 시점 이후의 시간에는 토큰을 처리하지 않는 시간을 나타낸다.
- nbf: 미 도래$^{not\ before}$이며, 이 클레임은 JWT가 이 시점이 되기 전에는 토큰을 처리하지 않는 시간을 나타낸다.

공식 명세를 보면 사용할 수 있는 클레임이 더 많으며, 여기서는 이 중에서 아주 잘 알려진 일부분만 설명했다.

이러한 클레임은 모두 필수사항이 아니지만 애플리케이션 인증 로직에 도움이 되며, 애플리케이션에서 필요하다고 생각되는 클레임을 사용하면 된다.

이제, 토큰의 인코딩/디코딩 과정의 또 다른 중요한 부분인 암호에 대해 다시 살펴보자. 이 부분의 중요성을 강조하면서 앞서 언급했지만, 암호가 갖춰야 할 최소한의 요건에 대해 살펴보겠다.

JWT 토큰 암호

토큰에서 사용되는 암호는 애플리케이션 암호로 다음과 같아야 한다.

- 추측이 어려워야 한다.
- 모든 사람에게 공개되거나 보이면 안 된다.
- 조직 내에서 권한 없는 사람에게 노출돼서는 안 된다.

이것이 암호를 별도의 파일에 저장해야 하는 이유이며, 가시성^{visibility}을 좀 더 쉽게 관리할 수 있게 된다.

이 암호를 검사한 후, 전달된 사용자 이름과 패스워드를 확인한 다음, 끝으로 지속성 계층$^{persistence\ layer}$에 새로운 사용자 모델을 생성한다. 이 마지막 단계는 예제를 단순하게 만들기 위해 구현하지 않는다.

끝으로, 신규 사용자 기준의 새로운 토큰을 클라이언트로 전송한다. 해당 토큰은 이 사용자가 애플리케이션을 사용할 수 있고 로그인됐음을 증명해준다. 이 토큰은 추후에 인증되지 않은 요청에 대해 경로에 접근할 수 없게 하는 데 사용된다.

토큰의 지속성^{persistence}은 이 장의 앞부분에서 설명한 장단점(쿠키와 로컬 스토리지)을 이해하는 개발자의 재량에 달려 있다. 개인적으로는 쿠키를 사용하는 방법을 선호하지만, 선택은 각자의 몫이다.

애플리케이션의 가입 기능을 만드는 단계를 살펴봤으며 다음과 같다.

- bodyParser를 사용해 클라이언트에서 전송한 정보 획득
- jwt-simple과 JWT registered 클레임, 비공개 애플리케이션 토큰$^{private\ application\ token}$을 사용해 JWT 토큰 생성
- 사용자 모델 생성 시뮬레이션
- 이후의 요청에서 사용자를 식별할 수 있는지 토큰 반환

이제 사용자가 어떻게 애플리케이션에 로그인할 수 있는지 확인한다.

로그인

사용자가 로그인하려는 사용 사례를 생각해보자. 사용자는 이미 가입을 완료했고 애플리케이션에 접속하려고 한다.

기본적인 로그인 과정은 다음과 같다.

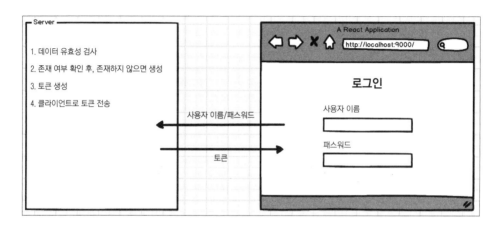

사용자 가입에서 사용한 로직과 크게 차이점이 없다. 전달된 사용자 이름과 패스워드를 받아서 데이터베이스에 사용자의 존재 여부를 확인하고, 존재하는 경우 해당 사용자에게 토큰을 반환해준다. 다음과 같이 이 토큰은 이후부터 해당 사용자의 요청과 함께 전달된다.

```
const jwt = require('jwt-simple');
const secret = require('./secretFile').secret;

// 사용자 id에 대한 토큰을 반환하는 함수
function tokenForUser(user) {
    const timestamp = new Date().getTime();
    return jwt.encode({
        sub: user.id,
        iat: timestamp
    }, secret);
}
```

```
exports.signin = function (req, res, next) {
    const email = req.body.email;
    const password = req.body.password;

    if (!email || !password) {
        // 사용자/패스워드에 문제가 있는 경우,
        // 422: Unprocessable Entity라는 알맞은 HTTP 상태를 반환한다.
        return res.status(422).send({
            error: 'You must provide an email and password'
        });
    }
    // 데이터베이스에서 이메일과 패스워드 확인

    if ( /* 사용자가 존재하는 경우 */ ) {
        // 이후의 요청에 대해 사용될 토큰 전달
        res.send({ token: tokenForUser(req.user) });
    } else {
        // 데이터베이스에 존재하지 않는 경우: 401: Unauthorized
        res.status(401).send({
            error: 'error: username/password does not match an existing user'
        });
    }
}
```

앞서 언급한 것처럼 클라이언트에서 사용자 이름과 패스워드를 다시 받는다. 그리고 사용자 데이터베이스에서 확인한다. 정보가 존재한다면 토큰을 생성하고 클라이언트로 보내게 되며, 사용자 인증이 완료된다.

사용자 이름과 패스워드가 존재하지 않는 경우 "401: Unauthorized" 메시지를 반환한다. 이 메시지는 클라이언트에서 처리해야 하며 유효하지 않은 사용자나 패스워드에 관한 전형적인 메시지를 표시해준다.

사용자가 없다거나 패스워드가 없다는 등 데이터의 어느 부분이 유효하지 않은지에 관해 언급하지 말아야 한다는 점을 명심하자. 이러한 정보를 사용자에게 제공하면, 존재하는 사용자를 찾아내거나 해당 사용자의 패스워드를 찾아내는 시도에 사용될 수 있다. 또한 재시도할 수 있는 횟수에 제한을 두어 무차별 암호 대입 공격 brute force attack 에 대비할 수 있다.

여기까지 로그인에서 고려해야 하는 중요한 사례들을 살펴봤다. 이러한 부분을 모두 처리할 수 있게 될 때까지 이와 관련한 부분을 좀 더 살펴보기를 바란다. 패스워드 복구와 그 밖의 인증 방법은 더 살펴볼 만한 주제다.

이제 라우팅 리다이렉션 routing redirection 으로 넘어가 보자. 사용자가 인증되지 않은 경우에 발생하며, 토큰이 존재하지 않거나 유효하지 않은 것이 원인이다.

라우팅 리다이렉션

이전 장에서 서버 측 렌더링을 설정한 경우 서버 로직에서 context 객체의 존재를 확인하는 부분을 살펴봤다. 해당 context가 존재하는 경우 다음과 같이 리다이렉션된다.

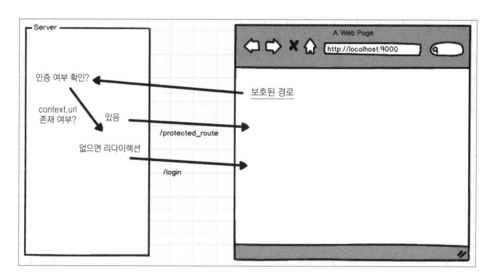

이는 react-router의 메커니즘으로, 애플리케이션 렌더링 과정에서 리다이렉션 컴포넌트가 렌더링되는 것을 보여준다. 이 컴포넌트는 사용자를 로그인 페이지로 리다이렉션해야 하는 시점을 알려주므로 활용도가 좋다.

다음 코드가 기억나는가?

```javascript
import jwt from 'jwt-simple';
import secret from './secretFile';
import { createStore } from 'redux'
import { Provider } from 'react-redux'

app.get('*', (req, res) => {
    const context = {};
    // 동일한 state를 받아서 반환하는 리듀서를 만든다.
    const store = createStore(state => state, {});
    const html = renderToString(
        <Provider store={store}>
            <StaticRouter
                location={req.url}
                context={context} >
                <Root />
            </StaticRouter>
        </Provider>
    );

    if (context.url) {
        // `<Redirect>`가 렌더링되는 곳
        res.redirect(302, context.url);
    } else {
        res.set('content-type', 'text/html');
        // 이곳에 원하는 뷰 렌더링 기법을 사용할 수 있다.
        res.send(renderPage(html, initialData));
    }
});
// ...
```

StaticRouter를 context 객체에 전달했으며, 컴포넌트 렌더링 과정에서 Redirect가 렌더링되면 이 라우터가 사용된다.

이후의 절에서 살펴볼 내용은 다음과 같다.

- 먼저, 안전한 경로로 리다이렉션하거나 컴포넌트 렌더링을 용이하게 하기 위해 HoC(상위 컴포넌트 high order component) 개념을 활용하는 방법을 살펴본다.
- 인증 데이터를 서버 측 뷰에 삽입하여, 리액트 라우터 React Router 에서 라우팅을 적절하게 처리할 수 있도록 한다.
- 끝으로, 클라이언트로 해당되는 뷰를 전송한다.

상위 컴포넌트(HoC) 인증하기

애플리케이션의 비공개 경로를 보호하기 위해서는 명확하고 재사용 가능한 접근 방법이 있어야 한다. 따라서 보호된 경로를 래핑하는 상위 컴포넌트 HoC 를 만든다.

이 예제에서는 다음 사항을 처리한다.

- 리덕스 redux 의 리덕스 스토어 redux store 를 사용해 상태를 관리한다.
- 리덕스 스토어의 authenticated 플래그를 사용해 사용자의 인증 여부를 확인한다.

```
import { Component } from 'react';
import { connect } from 'react-redux';
import { Redirect } from 'react-router-dom'
export default function (ComposedComponent) {
    class Protected extends Component {
        render() {
            if (!this.props.authenticated) {
                return <Redirect to="/login" />
            } else {
                return <ComposedComponent {...this.props} />
            }
        }
    }

    function mapStateToProps(state) {
        return { authenticated: state.auth.authenticated };
```

```
    }

    return connect(mapStateToProps)(Protected);
}
```

이 컴포넌트의 주된 용도는 렌더링 시 스토어의 정보를 통해 사용자가 인증됐는지 확인하는 것이다. 인증됐다면 컴포넌트는 렌더링되고 그렇지 않다면 리다이렉션을 위해 지정된 <Redirect /> 요소를 렌더링하게 된다. 로그인 페이지를 보면 다음과 같다.

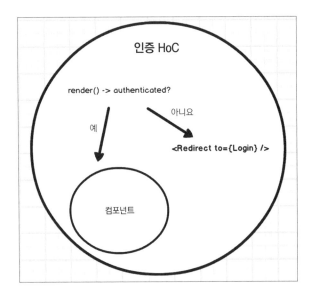

HoC를 사용하면 경로는 다음과 같다.

```
// App.js
import React from 'react'
import { Link } from 'react-router-dom'
import { Route } from 'react-router'
import Home from './Home'
import About from './About'
import Protected from './Protected'

export default React.createClass({
```

```
    render() {
        return (
            <div>
                <h1>Simple Navigation</h1>

                <nav>
                    <ul>
                        <li><Link to="/">Home</Link></li>
                        <li><Link to="/about">About</Link></li>
                    </ul>
                </nav>

                <Route exact path="/" component={Home} />
                <Route path="/protected" component={Protected(About)} />

            </div>
        )
    }
})
```

이와 같이 routes.js를 정의하면 다음과 같다.

```
// routes.js
import App from './App'
import Protected from './Protected'

const routes = [
    {
        path: '/',
        component: App,
        loadData: App.loadData, // component 클래스의 정적 함수
        routes: [
            // 하위 경로
            path: '/protected',
            component: Protected(About)
        ]
    },
    // ...
]
```

이렇게 수정하면, 사용자가 로그인하지 않은 상태로 /about으로 진입하려고 Link를 클릭하는 경우 Redirect가 클라이언트에서 렌더링되며, 안전한 로그인 페이지 경로로 리다이렉션을 실행하게 된다.

이 Redirect 요소에는 다음과 같은 유용한 인자가 더 존재한다.

```
// "push": 조건이 true인 경우, 리다이렉션하면서 히스토리에 현재 항목을 대체하지 않고
// 새로운 항목을 추가한다.
<Redirect push to="/login" />

// "from": 전달받은 리다이렉션 경로명이다. 다음과 같이 <Switch>의 내부에 <Redirect>를 렌더링할 때
// 위치를 맞추기 위해 사용한다.
<Switch>
    <Route exact path="/" component={Home} />

    <Route path="/users" component={Users} />
    <Redirect from="/accounts" to="/users" />

    <Route component={NoMatch} />
</Switch>

// "to": 라우터 위치와 같은 객체가 될 수 있다.
<Redirect to={{
    pathname: '/login',
    search: '?utm=your+search',
    state: { referrer: currentLocation }
}} />
```

보호된 경로와 사용자가 이 보호된 경로로 이동하는 링크를 클릭했을 때 어떤 일이 발생하는지 살펴봤다. 하지만 사용자가 직접 보호된 경로의 URL을 입력한다면 어떻게 될까? 바로 여기서 서버 측 인증 확인이 등장한다.

서버 측 인증 확인

이제 인증된 사용자인지 그리고 서버에 생성된 초기 스토어$^{initial\ store}$ 상태에 적절한 인증 플래그가 설정됐는지 여부를 확인해보자.

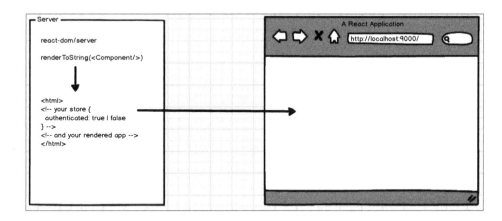

그렇게 하려면 다음과 같이 jwt-simple 패키지와 전달된(또는 전달되지 않은) 사용자 토큰을 다시 사용한다.

```
import jwt from 'jwt-simple';
import { secret } from './secretFile';
import { createStore } from 'redux'
import { Provider } from 'react-redux'

// 이 함수에서는 전달된 토큰의 유효성 여부를 확인한다.
function isLoggedIn(token) {
    try {
        const decodedToken = jwt.decode(token, secret);
        const username = decodedToken.userId;
        // 데이터베이스에 userId의 존재 여부를 확인한다.

        return /* 존재한다면? */;

    } catch (e) {
        // 유효하지 않은 토큰
```

```
            return false;
        }
}

app.get('*', (req, res) => {
    const context = {};
    // 동일한 state를 받아서 반환하는 리듀서를 만든다.
    const store = createStore(state => state, {
        auth: {
            // 초기 상태에는 사용자의 인증 여부를 갖고 있다.
            authenticated: isLoggedIn(req.headers['authorization'])
        }
    });
    const html = renderToString(
        <Provider store={store}>
            <StaticRouter
                location={req.url}
                context={context} >
                <Root />
            </StaticRouter>
        </Provider>
    );

    if (context.url) {
        // `<Redirect>`가 렌더링되는 곳
        res.redirect(302, context.url);
    } else {
        res.set('content-type', 'text/html');
        // 이곳에 원하는 뷰 렌더링 기법을 사용할 수 있다.
        res.send(renderPage(html, initialData));
    }
});
// ...
```

추가된 부분에서는 사용자 토큰을 가져와 암호와 데이터베이스의 유효성을 검증하고, 토큰이 유효하다면 인증 플래그가 true인 초기 리덕스 스토어[initial redux store] 상태를 생성한다.

이 플래그가 true이면 해당 컴포넌트가 렌더링된다. 만약 이 플래그가 false이고 보호된 경로를 탐색하기 위한 요청인 경우, 리액트 라우터는 리다이렉션 컴포넌트를 렌더링한다 (인증 HoC를 통해). 이렇게 하면 컨텍스트 객체가 생성되고, 서버는 다음과 같이 "HTTP 302" 메시지를 포함한 안전한 경로로 사용자를 리다이렉션한다.

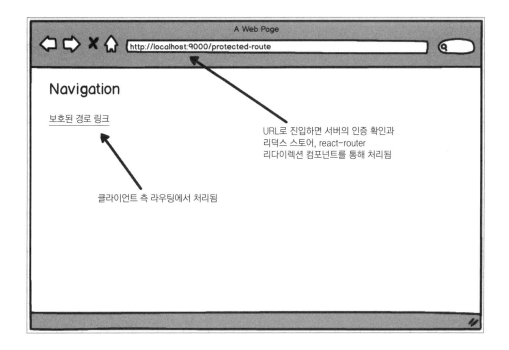

로그아웃

이제, 마지막으로 남은 주요한 사용 사례는 로그아웃이다.

로그아웃할 때, 스토어의 인증 플래그를 false로 설정하고, 토큰을 클라이언트 측의 쿠키나 로컬 스토리지 같은 저장소persistence에서 삭제해야 한다. 토큰은 기본적으로 상태비저장 인증 기법이므로, 이 토큰을 비활성화하는 유일한 방법은 더 이상 사용하지 않거나, 만료expiration 클레임을 통해서만 가능하다. 토큰을 삭제하면 사라지며, 다음번에 로그인할 때 새로운 토큰을 받게 된다.

그 밖의 방법으로는 유효한 토큰에 대한 설정을 특정 DB에 두고 거기서 무효화하는 방법이 있다. 그리고 나중에 이 토큰이 사용되는 경우 거부하게 된다. 하지만 이 방법은 또 다른 여러 가지 문제를 일으키며, 상태 저장이 주요 원인이다. 8장에서는 이 주제를 더 이상 다루지 않겠지만, 애플리케이션에서 필요한 경우라면 이러한 문제를 고민해보기를 바란다.

이것으로 주요 라이프사이클을 마친다.

▌ 요약

8장에서는 동형 방식으로 가입과 로그인, 인증/비인증 요청과 같이 가장 많이 사용되는 사례를 포함해 사용자 인증을 하는 방법까지 살펴봤다. 대부분의 복잡한 시스템은 모두 이러한 사용 사례가 포함돼야 한다. 그것이 바로 이 책에서 그러한 내용을 다루는 이유다.

9장에서는 테스트와 배포에 대해 이야기한다. 테스트는 웹 기반이나 터미널 기반 또는 콘솔 게임이든 상관없이 모든 성숙된 애플리케이션에서 중요한 주제 중 하나다. 자신감을 가지고 더 빠른 속도로 개발할 수 있도록 애플리케이션의 사용 사례를 포괄하는 테스트 방법을 살펴본다. 또한 간단하고 탄력적인 방법으로 애플리케이션을 배포할 수 있는 온라인 플랫폼과 제작 기간에 맞춰 애플리케이션을 준비할 때 고려해야 하는 개념들을 알아본다.

여기까지 하고, 다음으로 넘어가 보자.

09

애플리케이션 테스트와 배포

9장에서는 테스트와 배포, 이 두 가지 주제를 다룬다. 책의 마지막 부분에서 다룬다고 해서 애플리케이션 개발 과정의 마지막에 고려해야 하는 사항이라고 생각하면 안 된다.

예를 들어, TDD는 소프트웨어 개발 프로세스로 아주 짧은 개발 주기를 반복하는 것과 관련이 있다. 여기서 요구사항은 테스트 케이스가 되고, 소프트웨어는 이러한 테스트를 통과하기 위해 개발된다. 이 경우 기능 개발 과정의 첫 번째는 테스트를 작성하는 것이다.

배포와 개발 관행^{production practices}이 애플리케이션의 수명을 좌우한다. 애플리케이션은 특정 개발 환경과 관련이 없고 동작을 위한 외부 구성이 필요하지 않도록 하는 것이 좋다. 애플리케이션이 상용 환경에서 어떻게 동작해야 하는지 고려하는 것도 매우 중요하다. 애플리케이션의 안정성과 가용성, 회복 가능성을 고려해야 한다. 이러한 내용과 그 밖의 추가적인 내용을 코드에서 처리하고, 관련 모범 사례를 확인해보자.

▌ 테스트와 배포

세 가지 유형의 테스트에서 애플리케이션을 테스트하는 방법과 애플리케이션이 상용 환경에서 문제없이 작동하는 데 필요한 몇 가지 사례와 함께 애플리케이션을 클라우드에 배포하는 방법을 살펴본다.

▌ 테스트

테스트는 중요성이 높은 모든 애플리케이션 개발에서 필수사항이다. 동형 애플리케이션도 이러한 아이디어는 다르지 않다.

테스트는 다양한 형태가 있으며, 다음은 그중 일부다.

- 단위 테스트
- 통합 테스트
- 기능 테스트
- 시스템 테스트
- 부하 테스트
- 성능 테스트
- 사용성 테스트
- 인수 테스트

다이어그램으로 표현할 수도 있으며, 다음과 같다.

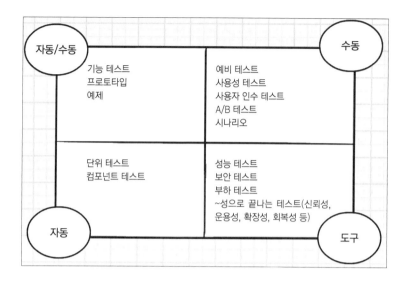

9장에서 모든 부분을 다루지는 않으며, 단위 테스트와 기능 테스트, 통합 테스트를 살펴본다. 통합 테스트는 컴포넌트 간이나 시스템 간의 기능을 테스트하기 때문에 기능 테스트와 같은 사분면에 포함시킬 수 있다.

여기서 다루는 테스트가 가장 중요하다는 뜻은 아니지만, 개발자가 작성하는 테스트 중에서 가장 흔한 형태다. 사분면 다이어그램에 있는 그 밖의 항목들은 테스터가 수동으로 동작시키거나 도구에 의해 동작한다.

테스트를 시작해보자.

Mocha, Sinon, Chai, jsdom, Enzyme으로 리액트 단위 테스트하기

애플리케이션 테스트에 대해 이야기할 때 처음은 단위 테스트다. 이 테스트는 개별 컴포넌트가 예상대로 동작하는지 확인하는 작업이다.

단위 테스트는 개별 단위 또는 연관된 단위 그룹을 테스트하는 것이다. 화이트 박스 테스트 계열에 해당한다. 개발자가 구현한 단위[unit]가 주어진 입력에 대해 기대한 출력을 만들어내는지 확인하는 작업은 개발자에 의해 수행되는 경우가 일반적이다.

기능 테스트는 시스템 요구사항을 충족하는 특정 기능이 잘 동작하는지 확인하는 테스트다. 이는 블랙 박스 테스트 계열에 해당한다.

자바스크립트 테스트 생태계는 아주 거대하다(현재는 모든 것이 자바스크립트인 것처럼). 여기서는 가장 많이 사용하고 있는 도구의 조합 중 하나를 사용해볼 것이다. Enzyme을 제외한 모든 도구는 리액트에 종속적이지 않으며, 따라서 그 밖의 애플리케이션 프레임워크에서 사용할 수 있다.

다음은 9장에서 사용할 도구에 관한 부분을 읽는 동안 머릿속에 그리고 있어야 할 그림이다.

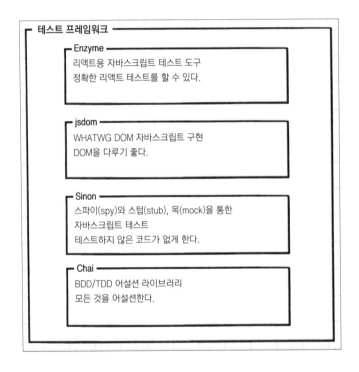

각 도구들이 어떤 일을 하는지 쉽게 잊어버린다면 이 그림을 활용한다. 이제 이 도구들에 관해 좀 더 자세히 알아보자.

Mocha

Mocha는 자바스크립트 테스트 프레임워크이며, Node.js와 브라우저에서 동작한다. Mocha는 테스트를 수행하며, 두 가지 스타일(BDD/TDD)로 테스트 코드를 작성할 수 있고, 비동기 테스트 기능을 제공하며, 그 밖에도 다음 사항이 제공된다.

- 브라우저 지원
- 테스트 커버리지 리포트
- 동작 테스트용 자바스크립트 API
- 잡히지 않은 예외를 정확한 테스트 케이스에 매핑
- 비동기 테스트 타임아웃 지원
- 테스트 반복 지원
- 테스트 관련 타임아웃
- 느린 테스트 강조
- 파일 감시자file watcher 지원
- 전역 변수 메모리 누수leak 탐지
- 정규 표현식에 맞는 테스트를 선택적으로 실행
- Node 디버거 지원
- 확장 리포트
- 확장 가능한 9개 이상의 보고서 지원
- 임의의 트랜스파일러transpiler 지원(coffee-script)

이 내용은 다음 경로에서 확인할 수 있다.

https://mochajs.org/

다음과 같이 mocha를 설치한다.

```
npm install mocha --save-dev
```

Mocha용 Hello World 테스트는 다음과 유사하게 작성할 수 있다.

```
var assert = require('assert');
describe('Array', function () {
    describe('#indexOf()', function () {
        it('should return -1 when the value is not present', function () {
            assert.equal(-1, [1, 2, 3].indexOf(4));
        });
    });
});
```

Mocha에서는 원하는 어떤 어설션 라이브러리든 사용할 수 있다. 이 예제에서는 Node.js에 내장된 assert 모듈(https://nodejs.org/api/assert.html)을 사용하고 있지만, Chai나 expect 등 그 밖의 라이브러리를 사용할 수도 있다.

- **BDD**: 이 예제는 BDD 문법으로 작성됐다. 스위트^{suite}, 테스트, 후크^{hook} 등을 정의하는 방법의 하나다.

  BDD 인터페이스는 describe( ), context( ), it( ), specify( ), before( ), after( ), beforeEach( ), afterEach( )가 있다. 이것은 비즈니스 친화적이라는 의미이며, 다음에 나오는 TDD 스타일도 마찬가지다.

- **TDD**: TDD는 BDD와 유사하지만, 구조는 스위트와 테스트로 구성된다. TDD 인터페이스는 suite( )와 test( ), suiteSetup( ), suiteTeardown( ), setup( ), teardown( )이 있다.

  이는 단위 테스트에 사용할 수 있는 다른 도구들과 유사하다. 이제 사용하게 될 Chai 어설션 라이브러리를 살펴보자.

Chai

Chai는 아주 유명한 BDD/TDD 어설션 라이브러리로, 어떤 자바스크립트 테스트 프레임워크와도 잘 맞고 Node.js와 브라우저에서 사용할 수 있다.

이러한 유연성flexibility과 연결 가능성pluggability이 테스트를 위해 선택한 주요한 특성이다.

설치 방법은 다음과 같다.

```
npm install chai --save-dev
```

Chai는 개발자가 아주 편리하게 선택할 수 있는 몇 가지 인터페이스를 갖고 있다. 다시 말해 체인 가능 BDD 스타일chain-capable BDD styles은 표현이 풍부한 언어와 읽기 쉬운 스타일을 제공하는 반면, TDD 어설션 스타일은 좀 더 고전적인 느낌을 준다.

- should

```
chai.should();
foo.should.be.a('string');
foo.should.equal('bar');
foo.should.have.lengthOf(3);
tea.should.have.property('flavors')
    .with.lengthOf(3);
```

- expect

```
var expect = chai.expect;
expect(foo).to.be.a('string');
expect(foo).to.equal('bar');
expect(foo).to.have.lengthOf(3);
expect(tea).to.have.property('flavors')
    .with.lengthOf(3);
```

- assert

```
var assert = chai.assert;
assert.typeOf(foo, 'string');
assert.equal(foo, 'bar');
assert.lengthOf(foo, 3)
assert.property(tea, 'flavors');
assert.lengthOf(tea.flavors, 3);
```

이 예제들은 http://chaijs.com에서 확인할 수 있다.

보다시피, 각기 다른 세 가지 스타일(expect와 should는 BDD)과 예상되는 값을 통해 데이터를 어설션하는 여러 가지 방법을 제공한다. 이것이 Chai를 사용하는 이유다. 그리고 플러그인 생태계를 갖고 있으므로 promise와 JSON 데이터를 각각 어설션할 수 있게 해주는 chai-as-promised나 chai-json 같은, 행위behavior나 데이터 유형을 어설션할 수 있는 그 밖의 패키지를 사용할 수도 있다. 이 외에도 다양한 사용 사례가 더 많이 존재한다.

만약 목mock 객체나 서비스가 필요하고, 이러한 것들이 적절하게 호출됐음을 확인하기 위한 스파이 함수 실행이 필요하다면 다른 무언가가 필요하다.

바로 이때가 Sinon이 등장할 시점이다.

Sinon

Sinon은 독립형standalone으로 프레임워크에 종속되지 않은 자바스크립트 테스트 스파이spy와 스텁stub과 목mock이다.

Sinon의 목표는 다음과 같다.

- 모든 테스트 프레임워크에 쉽고 매끄럽게 통합할 수 있다.
- 모든 모의 인터페이스를 쉽게 구현해준다.
- 바로 사용할 수 있는 XMLHttpRequest와 타이머 등의 모형을 제공한다.

이 내용은 다음 경로에서 확인할 수 있다.

http://sinonjs.org

설치 방법은 다음과 같다.

```
npm install sinon --save-dev
```

앞서 설명한 것처럼 Sinon에서는 다양한 기능이 제공된다. 그중 일부를 설명하기 위해 목과 스파이에 관한 몇 가지 예를 작성해볼 것이다.

- **목**^{mock} : 목(그리고 목 기댓값^{mock expectations})은 사전 프로그래밍된 동작과 기댓값을 갖고 있는 가짜 메소드다.

  다음과 같이 mock이 기대한 것처럼 사용되지 않으면 테스트는 실패하게 된다.

```
"test should call all subscribers when exceptions": function () {
    var myAPI = { method: function () { } };

    var spy = sinon.spy();
    var mock = sinon.mock(myAPI);
    mock.expects("method").once().throws();
    PubSub.subscribe("message", myAPI.method);
    PubSub.subscribe("message", spy);
    PubSub.publishSync("message", undefined);

    mock.verify();
    assert(spy.calledOnce);
}
```

- **스파이**^{spy} : 테스트 스파이는 인자를 기록하고 값을 반환하며, 이 값과 예외는 모든 호출에 대해 발생한다(있는 경우). 두 종류의 스파이가 있는데, 하나는 익명 함수이고, 다른 하나는 테스트 중인 시스템에 이미 존재하는 메소드를 래핑한다.

```
"test should call subscribers on publish": function () {
    var callback = sinon.spy();
    PubSub.subscribe("message", callback);

    PubSub.publishSync("message");

    assertTrue(callback.called);
}
```

여기서는 Enzyme과 jsdom을 다룰 것이므로 도구는 여기까지 살펴본다.

테스트를 시작해보자.

테스트

리액트 애플리케이션의 단위 테스트를 하기 위한 전제 조건이 있다. 창과 도큐먼트 목이 필요하다. Mocha는 브라우저에서 테스트를 실행할 수 없고 리액트나 jQuery에서는 브라우저 환경을 가정하므로, 해당 환경의 목이 필요하다. 따라서 jsdom이라는 라이브러리가 필요하며, 이 라이브러리는 Node.js에서 사용할 수 있도록 WHATWG DOM과 HTML 표준을 적용해 자바스크립트로 구현되어 있으며, 다음과 같이 사용한다.

```
import { JSDOM } from 'jsdom';

// 명령줄에서 브라우저를 실행하기 위한 테스트 환경 설정
const dom = new JSDOM('<!doctype html><html><body></body></html>');
global.window = dom.window;
global.document = dom.window.document;
```

보다시피 JSDOM은 dom 객체를 생성하며, 이 dom 객체는 실제 DOM과 같이 제공된다. jsdom에서 만든 dom 객체에 전역 window 변수와 전역 document 변수를 설정한다.

다음과 같이 테스트에 통합할 수 있다.

```
import { JSDOM } from 'jsdom';
import jquery from 'jquery';

// 이 함수는 모듈화를 더 좋게 하기 위해 다른 파일로 분리할 수 있다.
function setupTests() {
    const dom = new JSDOM('<!doctype html><html><body></body></html>');
    global.window = dom.window;
    global.document = dom.window.document;
}
```

```
suite('test suite', function () {
    setupTests();
    test('simple test', function () {
        TestUtils.renderIntoDocument(
            <About />
        );
        // 아직 아무것도 작성하지 않음
    })
});
```

다음과 같이 실제 테스트를 해보자.

```
import { JSDOM } from 'jsdom';
import jquery from 'jquery';

// 이 함수는 모듈화를 더 좋게 하기 위해 다른 파일로 분리할 수 있다.
function setupTests() {
    // ...
}

suite('test suite', function () {
    setupTests();
    test('simple test', function () {
        const component = TestUtils.renderIntoDocument(
            <About />
        );
        const renderedComponent = ReactDOM.findDOMNode(component);
        expect(renderedComponent.textContent).to.equal('About');
    })
});
```

이 경우는 About 컴포넌트를 페이지에 렌더링한 다음, ReactDOM 패키지를 사용해 해당 컴포넌트의 dom 노드를 획득한 후, 끝으로 해당 요소의 텍스트가 기대한 내용인지 여부를 확인한다. dom 노드에서 원하는 것은 무엇이든 분명하게 테스트할 수 있다.

jQuery가 더 익숙하다면, 다음과 같이 chai-jquery(Chai 플러그인을 기억하는가?)를 사용해 해당 노드를 어설션할 수 있다.

```
import TestUtils from 'react-dom/test-utils';
import About from '../components/About'
import React from 'react';

import ReactDOM from 'react-dom';
import chai, { expect } from 'chai';
import chaiJquery from 'chai-jquery';
import { JSDOM } from 'jsdom';
import jquery from 'jquery';

function setupTests() {
    const dom = new JSDOM('<!doctype html><html><body></body></html>');
    global.window = dom.window;
    global.document = dom.window.document;
    // jquery에 jsdom window 사용을 알려준다.
    const $ = jquery(global.window);
    // 다른 종류의 기대 동작이나 어설션을 하기 위해 chai-jquery를 설정한다.
    chaiJquery(chai, chai.util, $);
    return $; // 테스트에서 사용하기 위해 $를 반환한다.
}

suite('test suite', function () {
    const $ = setupTests();
    test('simple test', function () {
        const component = TestUtils.renderIntoDocument(
            <About />
        );
        const $node = $(ReactDOM.findDOMNode(component));
        expect($node).to.have.text('About');
    });
});
```

이 방법을 사용하면 테스트에서 기대할 수 있는 것이 명확해지고, 이미 알고 있는 jQuery API를 계속 사용할 수 있다.

더욱 완벽한 테스트를 만들기 위해 리액트 컴포넌트상에서 사용할 수 있는 더 많은 도구를 제공하는 Enzyme을 살펴보자.

Enzyme

Enzyme은 리액트용 자바스크립트 테스트 도구로, 리액트 컴포넌트의 출력^{output}을 좀 더 쉽게 어설션하고 조작 및 순회할 수 있게 해준다.

Enzyme API는 DOM 조작과 순회를 위한 jQuery API를 모방해 직관적이고 유연하다.

Enzyme에서는 자신이 사용 중인 테스트 러너$^{test\ runner}$나 어설션 라이브러리를 사용할 수 있으며, 주요 테스트 러너 및 어설션 라이브러리와 모두 호환된다.

이 내용은 다음 경로에서 확인할 수 있다.

> https://github.com/airbnb/enzyme

Enzyme은 다양한 종류의 테스트가 필요한 대형 프로젝트에서 아주 유용하게 쓸 수 있는 도구다. 여기서는 chai-enzyme 라이브러리를 사용해 테스트에 적용해볼 텐데, Enzyme 관련 기능으로 chai를 확장한 라이브러리다.

```javascript
import { MemoryRouter } from 'react-router-dom'
import About from '../components/About'
import chai, { expect } from 'chai';

import { Provider } from 'react-redux'
import { createStore } from 'redux'
import reducers from './../reducers';

import React from 'react';

import { configure, mount, shallow, render } from 'enzyme';
import chaiEnzyme from 'chai-enzyme'
import Adapter from 'enzyme-adapter-react-16';

configure({ adapter: new Adapter() });
```

```
chai.use(chaiEnzyme());
suite('Enzyme test suite', function () {
    test('simple dom test', function () {
        // Enzyme의 render 함수는 리액트 컴포넌트를 정적 HTML로 렌더링하고
        // HTML 결과물의 구조를 분석하는 데 사용된다.
        const component = render(
            <About />
        );
        expect(component.find('.about-msg')).to.have.text('Hello');
    });

    test('simple test', function () {
        // 얕은 렌더링(shallow rendering)은 컴포넌트 단위 테스트에 유용하며,
        // 이 경우, 자식 컴포넌트의 동작을 간접적으로 어설션하지 않는다.
        const $node = shallow(
            <About />
        );
        expect($node.find('.about-msg')).to.have.text('Hello');
    });

    test('test router', function () {
        // 전체 DOM 렌더링(full DOM rendering)은 DOM API를 통해 인터랙션하는 컴포넌트인 경우나,
        // 또는 컴포넌트(componentDidMount 등)를 전체적으로 테스트하기 위해
        // 전체 생명주기가 필요한 경우에 사용할 수 있다.
        // 전체 DOM 렌더링은 전역 범위로 사용할 수 있는 전체 DOM API가 필요하다.
        // 따라서 JSDOM 사용법은 다음과 같다.

        const $node = mount(
            <Provider store={createStore(reducers)}>
                <MemoryRouter >
                    <About />
                </MemoryRouter>
            </Provider>
        );

        $node.find('.about-btn').simulate('click');

        expect($node.find('.about-msg').text()).to.equal('World');
    });
});
```

Enzyme 테스트 도구에 관해 더 상세한 내용을 살펴보지 않아도 리액트 컴포넌트를 렌더링하는 다양한 방법이 있다는 사실을 알 수 있다.

컴포넌트 하위 node의 구조structure와 내용content을 테스트하기 위한 단순한 마크업 렌더링에서부터, 컴포넌트를 분리 테스트하는 얕은 렌더링, 그리고 라우터 테스트를 위한 전체 DOM 렌더링까지 살펴봤다.

처음 두 종류의 테스트는 단일 컴포넌트 행위behavior나 구조structure를 테스트하므로 단위 테스트로 볼 수 있다. 라우터 테스트를 위한 나머지 하나는 다양한 컴포넌트를 통합하기 위한 통합 테스트로 볼 수 있다.

이제, 애플리케이션을 테스트하는 또 다른 방법을 살펴본다. 이 테스트는 통합 테스트라는 이름으로 더 잘 알려져 있다.

Nightwatch로 통합 테스트하기

통합 테스트는 컴포넌트 그룹을 조합해 결과물을 만들어내는 테스트다. 화이트 박스와 블랙 박스 테스트 양쪽 모두로 분류될 수 있다. 여기서는 화면 뒤에서 어떤 동작을 하고 있는지 모르지만 테스트에 사용되므로 블랙 박스 테스트로 진행된다.

Selenium 같은 도구를 사용해 통합된 방식으로 애플리케이션을 테스트할 수 있다. 로딩된 페이지와 인터랙션하고, 클릭하고, 입력란을 채우고 다양한 형태의 결과를 기대할 수 있다.

여기서는 Nightwatch를 선택했는데, 그 이유는 Selenium 위에서 동작하며, 대규모 환경의 대형 애플리케이션을 테스트할 때 사용하기 좋은 다양한 기능을 제공하기 때문이다. 아주 기본적인 방식으로 컴포넌트를 테스트하겠지만, 이 프레임워크는 필요에 따라 확장할 수 있다.

그 밖에 크롬 헤드리스Chrome headless는 아주 중요한 선택사항이다. 현재는 윈도우 OS에서 지원되지 않는다. 따라서 여기서는 더 이상 다루지 않겠지만, 유닉스 시스템에서 동작시켜보려면 다음 경로에서 설정 방법을 확인한다.

https://medium.com/@kenfehling/ui-testing-with-nightwatch-js-headless-chrome-and-docker-part-1-f0ce2e8a23a1

Nightwatch v0.9.14 공식 설치 지침(http://nightwatchjs.org/gettingstarted/)을 따라 한다. 이 책의 출판 이후에 릴리스된 최신 버전[1]을 사용할 것인지 판단하려면 해당 경로를 확인한다.

nightwatch를 설치하기 위해 다음 명령어를 실행한다.

```
npm install --save-dev nightwatch
```

다음으로 Selenium 다운로드 페이지(http://selenium-release.storage.googleapis.com/index.html)에서 최신 버전의 selenium-server-standalone-{버전}.jar 파일을 다운로드하고 테스트하려는 브라우저가 있는 컴퓨터에 저장한다. 대부분의 경우 본인 컴퓨터의 프로젝트 소스 폴더에 저장하는 것이 일반적이다.

이 두 가지를 완료했으면 코딩할 준비가 된 것이다. 하지만 먼저 쓸 만한 환경 설정 몇 가지를 살펴본다.

먼저 nightwatch.json 설정 파일을 생성하고, 다음과 같이 테스트에 관한 동작을 설정한다.

```
{
    "src_folders" : ["src/tests/it/"],

        "selenium" : {
            "start_process" : true,
            "server_path" : "자신의 Selenium 서버 경로"
    },
```

---

1   2018년 7월 기준 최신 버전: 0.9.21 – 옮긴이

```
    "test_settings" : {
        "default" : {
            "launch_url" : "http://localhost",
            "selenium_port" : 4444,
            "selenium_host" : "localhost",
            "silent": true,
            "screenshots" : {
                "enabled" : false,
                "path" : ""
            },
            "desiredCapabilities": {
                "browserName": "chrome"
            }
        }
    }
}
```

이 정도의 설정이 크롬 브라우저가 실행되고 정의된 src_folders 내에서 테스트가 동작되는 최소한이라고 볼 수 있다.

selenium/server_path 속성은 Nightwatch가 트리거될 때 Selenium 서버를 시작하기 위해 사용하며, 그렇지 않으면 이 서버를 수동으로 먼저 실행해둬야 한다.

Nightwatch에서 제공되는 기본 문법을 사용해 테스트를 작성할 수 있지만, 선택적으로 Mocha를 사용할 수도 있다. 설정에 다음 라인을 추가한다.

```
...
"test_runner" : "mocha",
...
```

이렇게 하고 나면 mocha로 첫 번째 통합 테스트 코드를 작성할 준비가 된 것이다. 다음 경로에서 사용 가능한 옵션을 더 확인할 수 있다. 하지만 이 설정이 가장 간단한 방법이다.

　http://nightwatchjs.org/guide/#using-mocha

설정은 여기까지다. 이제 테스트를 진행해보자.

```
describe('Testing our app', function () {
    describe('with Nightwatch', function () {
        before(function (client, done) {
            done();
        });
        after(function (client, done) {
            client.end(function () {
                done();
            });
        });
        afterEach(function (client, done) {
            done();
        });
        beforeEach(function (client, done) {
            done();
        });
        it('testing navigation to repos', function (client) {
            client
                .url('http://localhost:8080')
                .expect.element('body').to.be.present.before(1000);
        });
    });
});
```

이 테스트에서는 페이지의 로딩 여부를 확인하고 문서의 본문이 1초(1000밀리초) 안에 표시되기를 기다린다. 정확히 Hello World 테스트라고 볼 수 있으며, 첫발을 뗀 셈이다. 하지만 이 테스트를 해당 페이지가 특정 시간 미만에 로딩되지 않으면 실패[fail]라고 판단하는 성능 테스트로 만들 수 있다. 이러한 방법으로 페이지의 초기 로딩에 대한 임곗값[threshold]을 정할 수 있다.

다음과 같이 Nightwatch를 활용한 몇 가지 테스트 예제를 더 진행해보자.

```
it('testing navigation to repos', function (client) {
    client
        .url('http://localhost:8080')
        .expect.element('body').to.be.present.before(1000);
    // <Link className="repos-link" to="repos">를 클릭한다.
    client.click('.repos-link', function () {
        // 정확한 페이지에 있다는 것을 어설션한다.
        client.expect.element('.repos-title').text.to.equal('Repos');
        client.assert.urlEquals('http://localhost:8080/repos');
    })
});
it('testing url navigation to repos', function (client) {
    client
        .url('http://localhost:8080/repos');
        // 여기서 /repos 경로를 직접 탐색한다.
        client.expect.element('.repos-title').text.to.equal('Repos');
});
```

이 예제는 link 컴포넌트를 클릭하거나 URL을 통해 탐색하는 내비게이션이 포함되어 있다. 이 방법으로 서버 측 렌더링과 동형 라우팅이 제대로 동작하는지 확인할 수 있다.

▋ 배포

개발 과정의 마지막 단계는 애플리케이션을 배포[deployment]하는 것이다. 여기서는 기본적으로 Node.js 애플리케이션이 해당된다. Node.js 서버를 사용해 요청을 처리하고 애플리케이션을 렌더링하고 있으며, 클라이언트는 리액트 스택을 사용하고 있다.

이제 애플리케이션을 배포하기 위한 일반적인 옵션과 상용 환경에서 사용할 앱에 관한 모범 사례를 살펴보자.

상용 환경의 모범 사례

이 절에서는 성능에 관한 모범 사례와 상용 환경에서 사용할 애플리케이션의 신뢰성을 살펴본다. 애플리케이션이 정확하고 신뢰할 수 있는 방식으로 동작하는 데 도움을 줄 수 있는 모범 사례들이다. 개발 과정에서는 많은 부분을 목^{mock}이나 우회 방안으로 대체할 수 있지만, 상용 환경에서는 이것이 문제가 된다. 만약 애플리케이션이 고장 나거나 로딩에 너무 많은 시간이 소요되거나 또는 중요한 작업의 실행이 느리게 동작하거나 해킹당하는 등의 문제가 생긴다면 사용자는 어려움을 겪게 되고, 사용자는 더 이상 그 애플리케이션을 사용하지 않게 된다.

코드에서 해야 할 작업

여기서는 리액트 예제에서 사용했던 것과 동일한 익스프레스^{Express}를 사용한다.

다음은 애플리케이션의 성능 개선을 위해 코드에서 할 수 있는 몇 가지 사항이다.

- gzip 압축
- 동기식 함수 미사용
- 의존성 잠금$^{lock\ dependencies}$
- 정확한 로깅
- 상태비저장^{stateless}
- 오류 처리

gzip 압축

gzip 압축은 모든 웹 애플리케이션에서 필수사항이다. gzip 압축 알고리즘은 통신망을 통해 전송되는 리소스의 크기를 줄여준다. 이렇게 하면 사용자의 시간과 저장 공간을 많이 절약해주어 앱을 좀 더 유용하게 쓸 수 있다. 예를 들면, 다음과 같이 gzip으로 리소스를 압축해주는 express compression 미들웨어를 사용할 수 있다.

```
var compression = require('compression'); // npm install compression --save
var express = require('express');
var app = express();
app.use(compression());
```

많은 트래픽이 발생하는 상용 환경 웹사이트의 경우, 최선의 압축 처리 방법은 역방향 프록시 레벨에서 구현하는 것이다. 이러한 경우 압축 미들웨어를 사용할 필요가 없다.

Nginx는 널리 잘 알려진 리버스 프록시다. Nginx에서 gzip 압축을 활성화하는 방법에 관한 더 자세한 내용은 Nginx 문서의 ngx_http_gzip_module 모듈을 살펴본다.

동기식 함수 미사용

알다시피 Node.js는 단일 스레드로 동작하기 때문에, 파일 시스템을 읽거나 또는 CPU를 많이 사용하는 작업 등을 처리하기 위해 동기식 메소드를 사용하는 경우, 함수가 반환될 때까지 스레드를 차단한다. 동기식 함수 호출은 아주 빠르게 반환되지만, 이러한 호출이 많아지거나 또는 수신한 요청마다 이 같은 호출이 늘어나는 경우, 애플리케이션의 성능에 영향을 줄 수 있다. 이것이 바로 상용 환경에서 동기식 함수의 사용을 피해야 하는 이유다.

Node.js와 많은 모듈에서는 비동기 버전의 함수를 제공하므로, 동기식 함수 대신에 이와 짝을 이루는 비동기 함수를 사용하게 한다. 동기 함수가 호출될 수 있는 유일한 곳은 애플리케이션을 시작하는 시점이다. 강조하고 싶지는 않지만, 응용 프로그램이 시작하거나 충돌에서 복구하는 데 시간이 오래 걸릴 수 있다.

Node.js 4.0 이상에서 애플리케이션 개발 시 trace-sync-io 명령줄 플래그를 통해 애플리케이션에서 동기식 API가 사용될 때마다 경고를 출력할 수 있다.

의존성 잠금

코드는 모든 환경에서 동일하게 동작해야 한다. NPM 4 이하에서는 npm-shrinkwrap.json이 있으며, NPM5는 package-lock.json 그리고 yarn은 yarn.lock을 갖고 있다.

가장 최신 버전 2개 중에서 하나를 선택하고, 자신이 인지하지 못한 상태에서 의존성이 변경되지 않게 해야 한다. 이와 같이 하지 않는다면 개발과 상용 환경에서 각기 다른 코드가 실행되거나, 심지어 동일한 클러스터에서조차 각기 다른 코드가 실행되는 아주 난감한 상황에 처할 수 있다.

정확한 로깅

로그는 디버깅한 내역의 모음 또는 앱의 진행 과정을 나타내는 대시보드를 볼 수 있게 해주는 것이다. 어떻게 로그를 수집하고 저장 및 분석할 것인지 처음부터 다음과 같은 자신만의 로깅 전략을 세운다. 추후 이 로그를 확인할 시점과 이러한 로그에서 알아내야 하는 것, 그리고 알아낸 것으로 무엇을 할 것인지 생각한다(아마도 오류 추적이 될 것이다). 더불어 다양한 서비스와 서버를 통한 로그 추적도 고려한다. 만약 처음부터 이러한 것을 고려하지 않으면 상용 환경의 애플리케이션을 재배포하거나, 안을 들여다볼 수 없는 애플리케이션의 내부에 발생한 상황을 추측할 수밖에 없다.

- **디버깅**debugging : 디버깅을 위한 로깅을 사용하려면, console.log( )를 사용하지 말고 debug 같은 특정 디버깅 모듈을 사용한다. 이 모듈은 DEBUG 환경 변수를 통해 콘솔로 전달된 디버그 메시지를 제어할 수 있게 해준다. 이 기능은 단순하면서도 아주 효과적이다.

- **앱 동작**app activity : 앱의 동작을 로깅하려면 console.log( ) 대신 Winston이나 Bunyan 같은 로깅 라이브러리를 사용한다. 이러한 라이브러리는 다양한 종류의 스트림과 로깅 대상에 맞는 로깅 형태 등 여러 가지 기능을 제공하며, 더불어 상용 환경에서 많이 사용되므로 검증됐고 신뢰할 수 있다. 분석이 용이한 로그를 만들기 위해 사용자 ID와 동작 형태, 타임스탬프 등의 연관 속성들을 모두 전달하면, 이러한 모든 로그의 재료가 한곳으로 모이게 되고 시각화된다. 대부분의 중요한 정보가 포함되어 있어 아주 쉽게 검색할 수 있고 소스 코드를 보지 않아도 된다. 게다가 하루 평균 CPU 사용률이나 오류율 같은 중요 지표를 선택적으로 보여준다. 이러한 로그를 통해 앱을 모니터링하고 개선할 수 있다. '트랜잭션

ID: {특정 값}' 형식의 동일한 식별자를 하나의 요청 범위 안에 있는 각 로그 항목에 모두 지정하면, 로그에서 오류를 조사할 때 무슨 문제가 발생했는지 확인할 수 있다.

상태비저장

Redis 같은 외부 데이터 저장소에 각종 데이터(사용자 세션, 캐시 등)를 저장한다. 그리고 이 서버가 아무 때나 종료되고 변경된다고 가정해보자. 그렇다면 거기에는 아무것도 저장하지 않는 것이 바람직하다. 이와 같은 이유로 외부 구조external structures를 사용한다. 이 외부 구조는 애플리케이션 확장과 유지보수, 관리를 쉽게 해준다. 최근에는 관련 프레임워크나, 이러한 외부 구조를 테스트하기 위해 상용 서버를 종료하는 사례도 있다. 따라서 이러한 서버 저장과 무관한 외부 구조를 사용해 애플리케이션과 서버가 종료되게 한다.

오류 처리

Node.js에서 오류 처리는 별도의 책으로 다룰 내용이지만, 다음 내용은 이해하고 넘어가야 한다. 첫 번째로, 앱은 하나의 프로세스로 동작한다는 것이다. 예외 처리를 하지 않으면 해당 동작에서 크래시crash가 발생하고 앱은 종료되고 만다. Node.js 앱에서는 처리되지 않은 예외를 만나면 크래시가 발생한다. 크래시를 피하려면 적절한 예외 처리를 해야 한다. 그 외에도, 크래시가 발생하면 애플리케이션을 즉시 다시 시작해야 한다.

조작 오류operational error는 대표적인 런타임 오류 유형이며, 정확하게는 작성된 프로그램에서 발생한다. 프로그램의 버그가 아니라 보통은 네트워크(예: 소켓 행업socket hang-up)나 시스템 자체(예: 메모리 부족 또는 너무 많은 파일 열기), 또는 원격 서비스(예: 500 오류, 연결 오류 또는 이와 유사한 종류의 오류)의 문제다.

이러한 경우에 다음 중 한 가지 조치를 해볼 수 있다.

- 이러한 경우에 적합하다고 판단되는 방법으로 문제를 직접 해결한다.
- 오류를 전파하고 고객이 처리할 수 있게 한다.
- 다시 시도해본다.

- 크래시(절대 발생해서는 안 되는 오류의 경우)가 나게 하고, 크래시 이후 앱을 다시 부팅한다.
- 로그를 남기고, 할 수 있는 다른 작업이 없다면 계속 진행한다. 나중에 오류를 분석한다.

개발자 오류programmer error는 기본적으로 프로그램의 버그다. 코드를 수정해야 하고 문제가 있는 코드이므로 절대로 정확히 처리될 수 없다. 조금은 과감해 보일 수 있으나 애플리케이션에 크래시가 나게 하는 것이 서비스를 복구하기 위한 가장 빠르고 확실한 방법이다. 그렇게 하지 않으면 다음과 같은 시스템의 약점이나 결함을 많이 만들어낼 수 있다.

- 메모리 부족memory leaks
- DB에 대한 열린 연결opened connections
- 잘못된 상태wrong state
- 열린 네트워크 소켓opened network sockets

실수를 예측할 수 없듯이, 이러한 오류의 나쁜 점도 예측할 수 없다는 것이다. Node.js의 코어 덤프를 남기도록 설정해 예외 처리되지 않은 상황의 크래시를 진단할 수 있게 한다. 이 장의 다음 부분에서는 크래시 발생 후, 앱이 다시 시작되게 하는 방법을 알아본다.

환경/설정에서 할 작업

다음 항목들은 애플리케이션의 외부에서, 앱의 개선을 위해 시스템 환경에서 할 수 있는 것이다.

- NODE_ENV를 production으로 설정
- 앱 자동 재시작
- 모든 CPU 코어 사용
- 취약점 자동 분석 도구 사용
- 로드 밸런싱
- 리버스 프록시 사용

NODE_ENV를 production으로 설정

아주 일반적인 사용 사례는 애플리케이션의 동작 환경을 명시하는 Node.js `NODE_ENV` 환경 변수를 사용하는 것이다(보통은 development이거나 production이다). 앱의 성능을 개선하기 위해 할 수 있는 아주 쉽고 간단한 한 가지 방법은 `NODE_ENV`를 production으로 설정하는 것이다.

익스프레스의 경우, `NODE_ENV`를 production으로 설정하면 다음과 같이 된다.

- 뷰 템플릿 캐시
- CSS 확장[extensions]에서 생성된 CSS 파일 캐시
- 장황함이 덜한 오류 메시지 생성

이 설정은 사용한 프레임워크에 따라 달라지며, 이유는 많은 패키지에서 상용 환경에 맞춰 현재의 환경을 결정하고 코드를 최적화하기 때문이다.

앱 자동 재시작

상용 환경의 애플리케이션은 오프라인이 되면 안 된다. 이전 절에서 본 것처럼 처리되지 않은 예외로 인해 크래시가 발생할 수 있고, 앱이 크래시되거나 서버 자체가 크래시되는 두 가지 경우에 애플리케이션이 다시 시작되는지 확인해야 한다. 이러한 사건이 발생하는 것을 원치 않겠지만, 현실적으로 다음과 같은 방법을 사용해 이 두 사건을 처리한다.

- 크래시가 발생하면 프로세스 관리자를 사용해 앱(Node.js)을 재시작한다.
- 제공되는 OS의 초기화 시스템을 사용해 크래시 발생 시 프로세스 관리자를 재시작한다. 하지만 프로세스 관리자 없이 초기화 시스템을 사용하는 것도 가능하다.

이전 절에서 봤듯이, 앱이 잘 테스트되고 모든 예외를 처리하는지 확인하기만 하면 된다. 하지만 안전장치로 만일의 경우 앱이 크래시되면 자동으로 재시작되는 메커니즘을 마련해야 한다.

초기화 시스템 사용

신뢰성의 아주 중요한 한 부분은 서버가 재시작될 때 앱도 재시작되게 하는 것이다. 시스템은 여러 가지 이유로 다운될 수 있다. 서버 크래시가 발생하면 앱이 재시작됨을 보장하기 위해 OS에 내장된 초기화 시스템^{init system}을 사용한다. 이 방법으로 서버가 재시작될 때 애플리케이션도 재시작시킬 수 있다.

앱의 클러스터 처리

멀티코어 시스템에서는 프로세스를 클러스터로 처리함으로써 Node.js 앱의 성능을 많은 부분 증가시킬 수 있다. 하나의 클러스터는 다수의 앱 인스턴스를 실행하며, 이상적으로는 각 코어당 하나의 인스턴스를 실행함으로써 인스턴스의 작업과 부하를 분산해준다.

클러스터 API로 애플리케이션 인스턴스 부하 분산

앱의 인스턴스는 메모리 공간을 공유하지 않는 각기 다른 프로세스에서 동작한다. 따라서 각 프로세스별로 자체 컨텍스트를 갖고 있기 때문에 메모리상의 정보를 요청^{request} 간 공유할 수 있다는 것을 가정하지 말아야 한다. 이것은 '상태비저장' 절과 관련이 많다. 외부적으로 데이터 및 상태를 유지하는 것이 중요하며, 나중에 수평적으로 확장할 수도 있게 된다.

클러스터링된 앱에서 작업자 프로세스^{worker process}는 다른 나머지 프로세스에 영향을 주지 않고 개별적으로 크래시가 발생한다. 성능상의 장점을 떠나서 이러한 크래시를 격리하는 것이 앱의 프로세스를 클러스터로 실행하는 또 다른 이유다. 작업자 프로세스의 작동이 중단될 때마다 항상 이벤트를 기록하고 `cluster.fork( )`를 사용해 새로운 프로세스를 생성한다.

취약점 자동 분석 도구 사용

일반적으로 많이 사용하는 패키지를 포함해 코드 종속성들에는 실제로 취약점이 잠재되어 있다. nsp와 snyk 같은 도구를 통해 자동으로 이러한 위협을 감시하고, 팀 내부에 알려주며, snyk는 취약점을 자동으로 패치^{patch}할 수도 있다.

로드 밸런싱

단일 애플리케이션 인스턴스에서 요청을 모두 처리하도록 만든다면 얼마나 앱의 최적화가 잘되어 있는지와는 상관없이 머지않아 문제가 발생할 것이다. 대량의 트래픽을 애플리케이션에서 처리할 수 있게 만들기 위해서는 로드 밸런싱^{load balancing}을 해야 한다.

로드 밸런싱은 트래픽의 채널을 결정하는 작업을 수행하며 과부하 위험으로부터 각 서버를 보호한다. 로드 밸런서 설정으로 애플리케이션의 속도와 성능을 모두 향상할 수 있다. 또한 단일 인스턴스나 장비로 할 수 있는 그 이상으로 확장할 수도 있다.

한 가지 덧붙이자면, 로드 밸런싱을 사용하고 인스턴스에 세션을 저장하는 경우, 특정 세션 ID와 관련된 요청이 해당 세션을 시작한 프로세스에 연결됨을 보장해야 한다. 만약 그렇지 않으면 이후 요청은 상태가 존재하지 않는 서버에 의해 처리되며, 애플리케이션은 부정확하게 동작하게 된다. 이것은 세션 선호도^{session affinity} 또는 고정 세션^{sticky session}이라고도 한다. 세션 데이터를 외부에서 처리하기 위해 Redis 같은 데이터 저장소를 사용할 수 있다. 애플리케이션이 상태비저장^{stateless}이라면 고정 세션이 필요치 않다. 하지만 프로세스에 상태를 갖고 있다면 고정 세션이 필요하다. 세션이나 jwt 토큰, 쿠키 절이 바로 이와 관련이 있다.

리버스 프록시 사용

Node.js 실행 모델은 짧은 작업이나 비동기 입출력 관련 작업에 최적화되어 있음을 상기하자. 이러한 류의 작업에 가장 좋은 방법은 네트워킹 작업 전문 도구를 사용하는 것이다. 가장 유명한 도구로는 Nginx와 HAproxy가 있으며 대규모의 클라우드 공급사에서도 사용하고 있다.

리버스 프록시^{reverse proxy}는 웹 앱의 앞 단에 위치하며, 앱에 대한 요청을 수행하고 들어오는 요청에 대한 작업을 지원한다. 이 외에도 오류 페이지와 압축, 캐시, 파일 제공 등의 작업을 처리할 수 있다.

리버스 프록시에서 애플리케이션 상태 정보가 필요치 않은 작업을 처리하도록 넘기고 애플리케이션에서 처리해야 할 작업에 집중할 수 있게 해준다.

클라우드 플랫폼에 배포하기

최근에는 애플리케이션을 배포할 수 있는 여러 클라우드 플랫폼이 존재하며, 수평/수직적 확장과 네트워크 관리, 모니터링 등을 관리하기 위해 이전에 했던 많은 작업을 고려하지 않아도 된다.

다음은 그중 일부의 클라우드 플랫폼이다.

- 헤로쿠Heroku
- 마이크로소프트 애저Microsoft Azure
- 노드짓수Nodejitsu
- 구글 클라우드 플랫폼Google Cloud Platform

예제에서는 헤로쿠를 선택했으며, 헤로쿠만 설명하는 이유는 이러한 플랫폼에서 제공하고 지원하는 기술만큼 빠르게 플랫폼이 진화하므로 이것에 관한 설명은 금새 오래된 지식이 돼버리기 때문이다.

헤로쿠 외에도 언급한 플랫폼 중에서 자신과 자신의 애플리케이션에 최적인 것을 선택한다.

자, 그럼 시작해보자.

헤로쿠

헤로쿠는 클라우드 플랫폼으로 다양한 언어를 통해 애플리케이션을 만들고, 배포, 모니터링, 확장을 할 수 있게 만들어준다. 애플리케이션 아래에서 동작하는 하드웨어에 관해서는 생각하지 않아도 된다.

클라우드에서 동작하거나 또는 그렇지 않더라도 컨테이너화하게 되면 하드웨어나 가상 머신을 관리하는 부담을 덜어버릴 수 있다. 헤로쿠를 사용하면 하드웨어를 관리하는 대신에, 앱의 코드와 종속성을 모두 패키징해 컨테이너에 배포할 수 있다. 이 컨테이너는 경량의 분리된 환경으로 CPU와 메모리, OS, 임시ephemeral 파일 시스템을 제공한다. 컨테이너는 공유 호스트^{shared host}에서 동작하는 것이 일반적이지만 컨테이너는 서로 완벽하게 분리되어 있다.

헤로쿠 플랫폼(https://www.heroku.com/platform)은 컨테이너 모델을 사용해 모든 헤로쿠 앱을 동작 및 확장한다. 헤로쿠에서 사용하는 컨테이너들은 다이노^{dynos}라고 부른다. 다이노는 격리된 가상 리눅스^{Linux} 컨테이너로, 사용자 지정 명령 기반의 코드를 수행하기 위해 설계됐다. 앱은 정해진 개수의 리소스 요청 기반의 다이노로 확장할 수 있다. 헤로쿠의 컨테이너 관리 기능에서는 앱에서 필요한 다이노의 유형과 크기, 개수를 쉽게 관리하고 수시로 확장하는 방법이 제공된다.

Node.js 앱 배포에 관해 이야기해보자.

먼저, heroku.com으로 이동한 다음, 계정이 없다면 가입한다. 계정은 무료이며 빠르게 생성할 수 있다.

다음으로, 자신의 플랫폼에 해당하는 헤로쿠 CLI^{command-line interface}(명령줄 인터페이스) 도구를 내려받는다. 다음 경로에서 설치 파일을 찾을 수 있다.

https://devcenter.heroku.com/articles/heroku-cli

그런 다음, Node.js 애플리케이션을 배포하기 위해 해야 할 작업은 다음과 같다.

먼저 package.json에는 모든 종속성이 포함돼야 하며, node 엔진 버전이 다음과 같이 정의돼야 한다.

```
"engines": {
    "node": "자신의 노드 버전"
}
```

어떤 버전이 동작 중인지 확인하기 위해 명령줄에서 다음 명령어를 입력한다.

```
node --version
```

헤로쿠에서는 개발자에게 소스 코드와 종속성 목록, Procfile(어떤 명령어가 코드를 동작시키기 위해 사용되는지 나타내는 텍스트 파일), 이 세 가지만 요구한다. 빌드 시스템에서는 애플리케이션과 종속성, 언어 런타임을 가지고 슬러그slug를 만든다. 여기에는 운영체제를 제외한 앱의 동작에 필요한 모든 것이 포함된다.

https://www.heroku.com/dynos/build

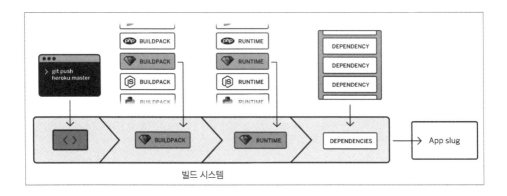

빌드 시스템

앞서 말한 것처럼, 헤로쿠는 먼저 Procfile을 찾는다. Node.js 앱용 Procfile이 존재하지 않는다면 다음과 같은 package.json에 있는 start 스크립트를 통해 기본 웹 프로세스를 시작하려고 시도하게 된다.

```
"scripts": {
    "start": "<자신의 명령어>"
}
```

앱을 배포하기에 앞서, 다음과 같이 로컬에서 실행해볼 수 있다.

```
heroku local web
```

localhost:5000으로 애플리케이션의 동작을 확인할 수 있다.

모든 것이 정상적이라면 이제 다음과 같이 헤로쿠에 애플리케이션을 배포할 수 있다.

```
$ heroku login
Enter your Heroku credentials.
...
$ heroku create
Creating hot - fire - 2348...done, stack is cedar
http://hot-fire-2348.herokuapp.com/ | git@heroku.com:hot-fire-2348.git
Git remote heroku added
$ git push heroku master
...
-----> Node.js app detected
...
-----> Launching...done
       http://hot-fire-2348.herokuapp.com deployed to Heroku
```

헤로쿠에서는 다이노(또는 다이노들의 집합)에 해당 슬러그를 배포하고 Procfile에 명시된 명령을 실행함으로써 앱을 시작한다. 여기까지 완료되고 나면 앱을 사용할 준비가 된 것이다.

브라우저에서 앱을 열기 위해 다음과 같이 heroku open을 입력한다.

```
heroku open
```

헤로쿠 배포에 관한 추가 정보는 다음 경로에서 확인할 수 있다.

https://devcenter.heroku.com/articles/deploying-nodejs

앱의 트래픽 증가와 인프라 확장의 필요성에 따라, 사용한 만큼 요금을 지불하는 방식으로 트래픽의 처리량을 늘려주고 전용의 서버 리소스를 사용함으로써 애플리케이션을 확장할 수 있다.

애플리케이션을 배포하고, 헤로쿠 서비스를 사용해보면서(무료인 것은 모두) 기능을 완벽하게 이해하기 위해 헤로쿠에서 제공하는 문서를 읽고 정확한 방법으로 사용해보기를 권장한다.

▌요약

테스트와 배포에 관한 장을 마쳤다. 다양한 유형의 애플리케이션 테스트와 애플리케이션을 상용화할 때 알아야 할 중요한 사항들, 최종적으로 애플리케이션을 클라우드 서비스에 배포하는 방법까지 살펴봤다. 이 두 가지 주제는 성숙된 제품 개발 생명 주기에서 중요한 부분이다.

9장을 끝으로 이 책이 마무리됐다. 이 책이 동형 애플리케이션을 이해하고 개발하는 데 도움이 되고, 프로그래밍 분야의 새로운 무언가를 전달했기를 바란다. 그리고 새로운 아이디어와 프레임워크는 계속해서 나타나지만 이 책을 통해 그러한 것을 확인하고 이해하는 데 도움이 되기를 바란다.

찾아보기

에이콘출판의 기틀을 마련하신 故 정완재 선생님 (1935-2004)

동형 자바스크립트 웹 개발

리액트와 Node.js를 활용한 동형 웹 앱 구현 기법

발　행 | 2018년 7월 31일

지은이 | 토마스 알라베스 · 콘스탄틴 타르쿠스
옮긴이 | 양 정 열

펴낸이 | 권 성 준
편집장 | 황 영 주
편　집 | 이 지 은
디자인 | 박 주 란

에이콘출판주식회사
서울특별시 양천구 국회대로 287 (목동)
전화 02-2653-7600, 팩스 02-2653-0433
www.acornpub.co.kr / editor@acornpub.co.kr

한국어판 ⓒ 에이콘출판주식회사, 2018, Printed in Korea.
ISBN 979-11-6175-193-1
ISBN 978-89-6077-210-6 (세트)
http://www.acornpub.co.kr/book/isomorphic-javascript

이 도서의 국립중앙도서관 출판시도서목록(CIP)은 서지정보유통지원시스템 홈페이지(http://seoji.nl.go.kr)와
국가자료공동목록시스템(http://www.nl.go.kr/kolisnet)에서 이용하실 수 있습니다.(CIP제어번호: CIP2018022995)

책값은 뒤표지에 있습니다.